शाकुन्तल

[नाटक]

शाकुन्तल

कालिदास

रूपान्तरकार
मोहन राकेश

राधाकृष्ण प्रकाशन

ISBN : 978-93-81864-11-1

शाकुन्तल

पहला संस्करण : 1966
चौथा संस्करण : 2026

मूल्य : ₹895

प्रकाशक
राधाकृष्ण प्रकाशन प्राइवेट लिमिटेड
जी-17, जगतपुरी, दिल्ली-110 051
शाखाएँ : अशोक राजपथ, साइंस कॉलेज के सामने, पटना-800 006
पहली मंजिल, दरबारी बिल्डिंग, महात्मा गांधी मार्ग, प्रयागराज-211 001
1, अनमोल सोराबजी संतुक लेन, धोबी तलाव, मरीन लाइंस, मुम्बई-400 002
वेबसाइट : www.radhakrishnaprakashan.com
ई-मेल : info@radhakrishnaprakashan.com

मुद्रक
बी.के. ऑफसेट
नवीन शाहदरा, दिल्ली-110 032

SHAKUNTAL
Play by Kalidas
Hindi Adaptation by Mohan Rakesh

भूमिका

संस्कृत का जो पहला नाटक मैंने पढ़ा, वह था भास का 'प्रतिमा नाटक'। तब मैं मुश्किल से ग्यारह-साढ़े ग्यारह साल का था। मुझे याद है जब मुझे नाटक के पहले श्लोक का अर्थ बताया गया, तो मैं आश्चर्य से अपने सामने के एक-एक शब्द को देखता रहा था। श्लोक था :

सीताभवः पातु सुमंत्रतुष्टः सुग्रीव रामः सहलक्ष्मणश्च।
यो रावणार्यप्रतिमश्च देव्या विभीषणात्मा भरतोऽनुसर्गम् ॥

मंगलाचरण में ही नाटक तथा नाटक के सभी पात्रों के नाम दे दिए गए थे, हालाँकि शब्दों का अर्थ कुछ और ही था। इससे आगे पढ़ने पर उन दिनों मुझे बहुत निराशा होती रही क्योंकि नाटक के शेष श्लोकों में इस तरह का कोई चमत्कार नहीं था। सीधी-सीधी बातें थीं : 'मम मातुश्च मातुश्च मध्यस्था त्वं न शोभसे। गंगायमुनयोर्मध्ये कुनदीव प्रवेशिता।।' मुझे लगता जैसे मंगलाचरण लिखने के बाद ही भास की कवित्व-शक्ति चुक गई हो, क्योंकि उससे आगे वैसा एक भी तो श्लोक उनसे नहीं लिखा जा सका ! एक नाटक के रूप में उस नाटक को मैंने बहुत बाद में पढ़ा। तब तक अध्ययन की दृष्टि से ही नहीं, रंगमंच की दृष्टि से भी भास से मेरा परिचय हो चुका था—'स्वप्नवासवदत्त' के माध्यम से। विभाजन से पहले लाहौर में हमने पंजाब विश्वविद्यालय संस्कृत परिषद् की ओर से संस्कृत के तीन नाटक रंगमंच पर प्रस्तुत किए थे। 'स्वप्नवासवदत्त' में अभिनय करने तथा शेष दो नाटकों का निर्देशन करने में जो अनुभव प्राप्त हुए, उनका यहाँ उल्लेख करना अप्रासंगिक होगा। हाँ, संस्कृत के तीन-चार नाटकों का हिंदी में अनुवाद करने की बात सबसे पहले उन्हीं दिनों मन में आई थी। उनमें से पहले मैंने 'प्रतिमा नाटक' को ही उठाया था, पर

उसके मंगलाचरण से ही हारकर वह प्रयत्न वहीं छोड़ दिया। बचपन में जिन पंक्तियों के लिए भास को सबसे अधिक श्रेय दिया करता था, वही अब ऐसी उलझानेवाली लगीं कि अनुवाद करने का सारा उत्साह ठंडा पड़ गया।

यह समस्या भास के साथ ही नहीं, और नाटककारों के साथ भी थी : बल्कि औरों के साथ भास से कहीं अधिक थी। संस्कृत का समास-प्रधान रूप उस भाषा की अभिव्यंजना को बढ़ाने में जितना सहायक है, शायद उतना ही उसके सहज संप्रेषण में बाधक भी है। उस भाषा की आंतरिक प्रकृति आज की भाषा से इतनी अलग है कि आज की किसी भी भाषा में उसका अनुवाद--विशेष रूप से एक नाटक का नाटकीय भाषा में अनुवाद--कई-कई स्तरों पर एक चुनौती बन जाता है। ऐसे में अनुवादक या तो मूल से काफी स्वतंत्रता लेने लगता है, या फिर मूल की संश्लिष्ट अभिव्यक्तियों को बिलकुल ही बचा जाता है। पर इन दोनों तरह के प्रयत्नों को एक सीमित अर्थ में ही अनुवाद कहा जा सकता है।

बात लगभग मन से उतर गई थी, और शायद किसी भी नाटक के अनुवाद का उत्साह फिर मन में न आता, यदि कुछ वर्ष पहले दिल्ली के रंगमंच पर 'मिट्टी की गाड़ी' नाम से 'मृच्छकटिक' का अभिनय न देखा होता। हबीब तनवीर द्वारा प्रस्तुत उस नाटक में जहाँ प्रयोग और शिल्प की दृष्टि से कई विशेषताएँ थीं, वहाँ उसकी सबसे बड़ी सीमा थी अनुवाद की पांडुलिपि जो शायद एक अंग्रेज़ी अनुवाद के आधार पर तैयार की गई थी। उन दिनों दो दृष्टियों से नाटक को फिर से पढ़ा--एक तो अनुवाद के लिए, और दूसरे आज की अपेक्षाओं के अनुसार उसका रंगमंचीय रूपांतर तैयार करने के लिए। एक विचार लगभग चार साल पहले पूरा हो गया था, पर दूसरा भी पूरा होना रहता है।

तभी दो और नाटकों का भी इसी तरह का अनुवाद तथा रंगमंचीय रूपांतर तैयार करने की बात मन में आई थी। उनमें से 'शाकुंतल' का अनुवाद आज पूरा कर लेने के बाद 'स्वप्नवासवदत्त' का अनुवाद तथा इन तीनों नाटकों के रंगमंचीय रूपांतर तैयार करने की बात कल के दायित्व के रूप में मन में बनी है। कह नहीं सकता कि यह सब कब तक करना संभव होगा, और होगा भी या नहीं।

'मृच्छकटिक' और 'शाकुंतल' के इन अनुवादों में शूद्रक और कालिदास

के साथ कहाँ तक न्याय हुआ है, यह मैं नहीं कह सकता। परंतु मेरा प्रयत्न अवश्य रहा है कि जहाँ तक बन पड़े, मूल के भाव और अर्थ दोनों की अनुवाद में रक्षा की जाए। साथ यह भी कि अनुवादक की ओर से अतिरिक्त शब्दों का प्रयोग कम-से-कम हो, और किसी भी तरह का अतिरिक्त आशय उसमें न आने पाए। फिर भी कुछ स्थल ऐसे हैं जहाँ नाटकीय अन्विति के निर्वाह के लिए, या श्लोकों के अनुवाद की मुक्तक लय बनाए रखने के लिए, थोड़ी-बहुत स्वतंत्रता मुझे लेनी पड़ी है। इसके लिए बहुत अधिक अधिकार मैंने अपने को नहीं दिया, पर मूल का अनुसरण करने के लिए लय और अन्विति की उपेक्षा कर जाने से अनुवाद का उद्‌देश्य ही शायद पूरा न हो पाता। अनुवाद में बहुत-सी सीमाएँ अनुवादक की हो सकती हैं, पर कुछ सीमाएँ ऐसी भी हैं जो इस तरह के प्रयत्न में स्वतः अंतर्हित रहती हैं। फिर मूल-रचना से आज का सदियों का—अंतर—भाषा, शिल्प, भावयोजना तथा परिकल्पना का—अपने में ही एक सीमा है।

किसी ने यह प्रश्न उठाया था कि राजा लक्ष्मणसिंह के अनुवाद के रहते 'शाकुंतल' का एक और अनुवाद क्यों ? इस संबंध में इतना ही कहा जा सकता है कि हर दूसरी-तीसरी पीढ़ी के बाद, और नहीं तो भाषा की दृष्टि से ही, इन रचनाओं के नए-नए अनुवादों की आवश्यकता पड़ती रहेगी। इस तरह यह अनुवाद भी आज के लिए है—आनेवाले कल को इसका स्थान किसी और अनुवाद को लेना होगा।

—मोहन राकेश

नई दिल्ली
9-10-65

शाकुन्तल

पात्र

सूत्रधार
नटी
सारथी
दुष्यंत
वैखानस
वैखानस-शिष्य
अनसूया
शकुंतला
प्रियंवदा
विदूषक (माधव्य)
दौवारिक (रैवतक)
सेनापति (भद्रसेन)
ऋषिकुमार-1 (हारीत)
ऋषिकुमार-2
करभक
कण्व शिष्य
गौतमी
कण्व-ऋषि
शार्ंगरव
शारद्वत
कंचुकी (पार्वतायन)
वैतालिक-1
वैतालिक-2
प्रतीहारी (वेत्रवती)
पुरोहित (सोमराज)
रक्षक-1 (सूचक)
रक्षक-2 (जालुक)
नागरक श्याल (मित्रावसु)
मिश्रकेशी
चेटी-1 (परभृतिका)
चेटी-2 (मधुरिका)
चेटी-3 (चतुरिका)
मातलि
सर्वदमन
तापसी-1 (सुव्रता)
तापसी-2 (अंतिका)
मारीच
अदिति
गालव
और तापसियाँ, इत्यादि

अंक : एक

[तपोवन के पास की भूमि तथा ऋषि कण्व का आश्रम]

नान्दी-स्वर :

जल,
जो स्रष्टा की पहली सृष्टि है;
अग्नि
जो विधिवत् दी आहुतियाँ ऊपर ले जाती है;
यजमान,
जो आहुतियाँ देता है;
ये—
और समय का संकेत देते चाँद-सूर्य;
शब्दों को नाद देता
विश्व पर छाया खुला आकाश;
बीजों को पालती धरती;
प्राणियों को प्राण देती वायु;—
इन आठ रूपों में
जो एक उद्‌भासित है,
हम सब की रक्षा करे,
वह ईश, परमेश्वर।

नान्दी के अनंतर :

सूत्रधार : बस, अब और नहीं। (नेपथ्य की ओर देखकर) आर्ये, नेपथ्य का काम पूरा हो चुका हो, तो इधर आओ।

नटी : (आकर)
यह मैं आ गई, आर्य ! कहिए, क्या आदेश है ?

सूत्रधार : आर्ये, इस सभा में अधिकांशतः विक्रमादित्य द्वारा सम्मानित विद्वान उपस्थित हैं। विक्रमादित्य स्वयं रस और भाव की

शिक्षा के महान आचार्य हैं। तो आज इस सभा में हमें कालिदास का लिखा नया नाटक 'अभिज्ञान शाकुंतल' प्रस्तुत करना चाहिए। तुम हर पात्र से यत्नपूर्वक तैयार होने को कहो।

नटी : सब लोग अपने-अपने अभिनय में कुशल हैं, इसलिए निश्चिंत रहें, आपकी हँसी नहीं होगी।

सूत्रधार : (मुसकराकर)

पर वस्तुस्थिति यह है कि–

जब तक
विद्वानों का परितोष न हो
तब तक
अपनी प्रयोग-कुशलता का
कुछ भी अर्थ नहीं।
जो बहुत शिक्षित हैं,
उनका भी
विश्वासी हृदय
अपने को लेकर
कभी निश्चिंत नहीं होता।

नटी : (विनीत भाव से)

हाँ, यह तो सच है। पर अब आगे क्या करना है, इस संबंध में आदेश दें।

सूत्रधार : इससे अच्छा और क्या हो सकता है कि कुछ गाओ जिसे सुनकर सभा के लोग आनंदित हो उठें।

नटी : तो बताइए किस ऋतु का गीत गाऊँ ?

सूत्रधार : क्यों नहीं इस ग्रीष्म ऋतु का ही गीत गातीं, जिसका कि अभी आरंभ हुआ है और जिसमें आगे उपभोग की अनेक संभावनाएँ हैं ? देखो न–

पानी में डुबकियाँ लेने में
सुख मिलता है;
हवाएँ

रा. ना. वि. की प्रस्तुति (निर्देशक : रीता गांगुली) के कुछ दृश्य.

रा. ना. वि. की प्रस्तुति (निर्देशक : स. इबोतोम्बी) के कुछ दृश्य.

पाटल के फूलों को छू-छूकर
सुगंधित हो उठती हैं;
जहाँ कहीं छाया हो,
वहीं नींद लेने को मन करता है;
और साँझ
इन दिनों
अपनी ही एक
रमणीयता लिये रहती है।

नटी : तो लीजिए।

गाने लगती है :

शिरीष के फूल,
जिनकी कोंपलों के कोमल मुँह
भौंरे
हल्के-हल्के छूते हैं,
उन्हें
देखो ये युवतियाँ
किस भावना से
कानों में सजा रही हैं !

सूत्रधार : कितना अच्छा गाया है तुमने ! तुम्हारे गीत ने सभा का मन इस तरह बाँध लिया है कि वह चित्रलिखित-सी जान पड़ने लगी। तो बताओ, अब किस नाटक का अभिनय करके इसका मनोरंजन किया जाए ?

नटी : आप पहले ही आदेश दे चुके हैं कि आज 'अभिज्ञान शाकुंतल' नामक नए नाटक का अभिनय करना है।

सूत्रधार : अरे, हाँ, अच्छा याद दिलाया। मैं तो बिलकुल भूल ही गया था। क्योंकि–

तुम्हारे गीत की मनोहर लय
उसी तरह
अनायास
मन को खींच ले गई,

जैसे
यह तेज़ दौड़ता हरिण
राजा दुष्यंत को
अपने पीछे-पीछे
खींचे लिये आता है।

दोनों चले जाते हैं।

प्रस्तावना

धनुष चढ़ाए और सारथी के साथ
रथ में हरिण का पीछा करते
राजा दुष्यंत का प्रवेश।

सारथी : (राजा की ओर देखकर)
आयुष्मन् !
एक ओर
काले-चितकबरे हरिण को
और दूसरी ओर
आपको
देखकर लगता है
कि
मृग का पीछा करते
साक्षात् शिव को ही
देख रहा हूँ।

दुष्यंत : हरिण हमें बहुत दूर खींच लाया, सारथी ! देखो न अब भी यह—
लचकीली गरदन
मोड़-मोड़, बार-बार,
देख पीछे रथ आता
फिर सरपट भागता है।

पीछे का आधा भाग
बाण लगने के डर से
आगे के आधे में
सिमटा-सा जाता है।
आधे चबे तिनके,
थकान से खुले मुँह से
गिरे-गिरे जाते हैं
रास्ते में इधर-उधर।
बड़ी-बड़ी कुलाँचें भरता,
धरती पर कम टिकता,
और जैसे नभ में ही
उड़ा चला जाता है।

(आश्चर्य के साथ) अरे, मैं इतना तेज़ इसका पीछा कर रहा हूँ फिर भी यह आँख से ओझल हुआ जा रहा है !

सारथी : यहाँ धरती ऊँची-नीची थी। मेरे लगाम खींचने से रथ की चाल धीमी पड़ गई थी। इसी से यह दूर निकल गया। अब आगे समतल है, वहाँ इसे पकड़ना कठिन नहीं होगा।

दुष्यंत : तो ठीक है, लगाम ढीली छोड़ दो।

सारथी : जैसी आयुष्मान् की आज्ञा। (लगाम ढीली छोड़कर रथ की गति की ओर संकेत करता हुआ) आयुष्मान् देखो—

रास ढीली छोड़ते ही
लंबे शरीर के
ये घोड़े,
कान सीधे
और अयाल स्थिर किए,
रास्ते में तैरते-से
यूँ दौड़ने लगे
कि
इनके पैरों की धूल भी

इनसे आगे नहीं निकल पाती।

दुष्यंत : (प्रसन्न होकर)

सच, ये घोड़े तो हरिण से भी बढ़कर हैं !

दूर के छोटे बिंदु
एकाएक पास आकर
बड़े हो जाते हैं;
अलग खड़े पेड़-पौधे
बाँहें मिला लेते हैं;
टेढ़ी-मेढ़ी रेखाएँ
सीधी हुई जाती हैं।
रथ के इस वेग से
क्षण-क्षण में लगता है कि—
कुछ भी बहुत दूर नहीं,
कुछ भी बहुत पास नहीं।

सारथी : देखिए, अब हरिण इतना पास है कि इसे मारा जा सकता है।

नेपथ्य से : सुनो राजा, सुनो ! यह हरिण हमारे आश्रम का है। इसे तुम न मार सकते...इसे तुम नहीं मार सकते।

एक शिष्य के साथ वैखानस का प्रवेश।

वैखानस : (हाथ ऊँचा करके)

राजा, यह हरिण हमारे आश्रम का है। इसे तुम नहीं मार सकते।

यह आग जैसा बाण
इसके
रूई जैसे कोमल शरीर पर
तुम नहीं छोड़ सकते।
कहाँ
वज्र की तरह टूटते
तीखे फलके के
तुम्हारे बाण,

और कहाँ
काँपती-सी जान लिए
नन्हें-नन्हें हरिण !

तुरंत
पीछे हटा लो
यह खींचा हुआ धनुष !
तुम्हारे हाथ का शस्त्र
पीड़ित की रक्षा के लिये है,
निरपराध की हत्या के लिए नहीं !

दुष्यंत : (प्रणाम करके)
यह हटा लिया धनुष।

वैसा करता है।

वैखानस : (प्रसन्न होकर)
पुरुवंश के आलोक को ऐसा ही शोभा देता है।
पुरुवंश में जन्म लेकर
यही व्यवहार तुम्हारे अनुरूप है।
कामना है कि
इन्हीं गुणों से युक्त
चक्रवर्ती पुत्र
तुम्हें प्राप्त हो।

शिष्य : (हाथ उठाकर)
सर्वथा चक्रवर्ती पुत्र तुम्हें प्राप्त हो।

दुष्यंत : (प्रणाम करके)
ब्राह्मणों की वाणी मेरे हृदय में धारण रहेगी।

वैखानस : राजा, हम लोग समिधा लाने जा रहे हैं। सामने मालिनी के तट पर हमारे गुरुकुलपति कण्व का आश्रम है, शकुंतला जिसकी अधिष्ठात्री देवी की तरह है। किसी अन्य कार्य में बाधा न पड़ती हो, तो वहाँ चलकर अतिथि-सत्कार करो।

देखकर
कि बिना किसी बाधा के
तापस लोग
यहाँ
अपनी धर्म-क्रियाएँ पूरी करते हैं,
तुम्हें विश्वास हो जाएगा
कि तुम्हारी उँगली पर बना
धनुष की डोरी का निशान
किस तरह
इस भूमि की
रक्षा करता है।

दुष्यंत : कुलपति स्वयं यहीं हैं ?

वैखानस : नहीं। अपनी बेटी शकुंतला को अतिथि-सत्कार का आदेश देकर अभी-अभी सोमतीर्थ गए हैं—उसके प्रतिकूल ग्रहों की शांति का उपाय करने।

दुष्यंत : तो हम उनकी बेटी से ही मिल लेंगे। महर्षि के लौटने पर वही उनसे हमारा भक्ति-निवेदन कर देगी।

वैखानस : तो हम लोग अब चल रहे हैं।

वैखानस और शिष्य चले जाते हैं।

दुष्यंत : घोड़ों को आगे बढ़ाओ, सारथी ! पुनीत आश्रम के दर्शन से अपनी आत्मा को पवित्र करेंगे।

सारथी : जैसी आयुष्मान् की आज्ञा।

फिर से रथ की गति का निरूपण करता है।

दुष्यंत : (चारों ओर देखकर)
कोई न बताए, तो भी पता चल सकता है कि यह आश्रम के पास की ही भूमि है।

सारथी : कैसे ?

दुष्यंत : देख नहीं रहे हो कि—
कहीं

पेड़ों के खोखल से झाँकते
नन्हें तोतों के मुँह से गिरे
तिनके
पेड़ों के नीचे पड़े हैं;
कहीं
हिंगोट के फल पीसने से
चिकने
पत्थर नजर आते हैं;
हरिण
अपरिचित स्वरों से
घबराते नहीं,
विश्वास से
अपनी चाल चले जाते हैं;

और

जलाशय से आते मार्गों पर
वल्कलों से टपकते
पानी की
लकीरें बनी हैं।

और

हवा से काँपते
नहर के पानी से
पेड़ों की जड़ें
धुली-सी हो रही हैं;
यज्ञ के धुएँ से
कोंपलों की चमक
कुछ और ही रंग लिये है;
और पास ही ये
हरिणों के बच्चे,
कटी घास की वनभूमि,
निःशंक होकर

धीरे-धीरे चल रहे हैं।

सारथी : आप ठीक कह रहे हैं।

दुष्यंत : (कुछ और आगे बढ़ आने पर)
रथ को रोक लो जिससे आश्रमवासियों के कार्य में किसी तरह की बाधा न पड़े। मैं यहीं उतर जाता हूँ।

सारथी : यह खींच ली लगाम। अब आप उतर सकते हैं।

दुष्यंत : (उतरकर और अपनी ओर देखकर)
आश्रम के अंदर साधारण वेश में ही जाना उचित होगा। यह धनुष और आभूषण तुम यहीं अपने पास रख लो।

धनुष-आभूषण सारथी को दे देता है।

सारथी लेकर रख लेता है।

आश्रमवासियों से मिलकर मेरे लौटने तक तुम घोड़ों को अपनी पीठ गीली कर लेने दो।

सारथी : जैसी आयुष्मान् की आज्ञा।

चला जाता है।

दुष्यंत : (घूमकर और देखकर)
यह रहा आश्रम। अब मैं अंदर प्रवेश करता हूँ। (आश्रम में आकर, और अपनी बाँहें फड़कते देखकर) अरे !

शांत आश्रम में आकर
दाईं बाँह फड़क रही है–
यहाँ इसका क्या फल मिलेगा ?
या फिर,
जो होनी हो,
उसके द्वार
कहीं से भी खुल सकते हैं।

नेपथ्य से : आओ प्रिय सखियो, इधर आओ।

दुष्यंत : (सुनकर)
दाईं ओर वाटिका से बात करने का-सा शब्द सुनाई दे रहा है। तो इसी ओर चलूँ। (घूमकर और देखकर) अरे, ये तपस्वी-कन्याएँ अपने आकार के अनुरूप घड़े

लिये, उनसे नन्हें पौधों को सींचती, इधर ही आ रही हैं ! (अच्छी तरह देखकर) सच, कितनी सुंदर लगती हैं ये !

राजभवन के लिए दुर्लभ
यह रूप
तपोवन में रहनेवाली
इन बालाओं का है,
तो कहना होगा
कि
वन की लताओं ने,
अपनी सुंदरता से,
उद्यान की लताओं को
फीका कर दिया है।

तो यहाँ छाया में रुककर इनकी प्रतीक्षा करता हूँ।

उधर देखता रुका रहता है। यथानिर्दिष्ट रूप में दो सखियों के साथ शकुंतला का प्रवेश।

एक सखी : शकुंतला, मुझे लगता है कि तात कण्व को आश्रम के वृक्ष तुझसे कहीं अधिक प्रिय हैं। तभी तो न मल्लिका के नए फूलों-सी कोमल लड़की को इनके थाले भरने में लगा रखा है।

शकुंतला : यह केवल तात का आदेश ही नहीं है, अनसूया। मुझे स्वयं इन वृक्षों से बहुत स्नेह है।

दूसरी सखी : शकुंतला, ग्रीष्म में फूल देनेवाले आश्रम के वृक्षों को तो हम सींच चुकीं। चल, अब उन्हें भी सींच दें जिन पर फूल आने का समय बीत चुका है। इस समय निष्काम कर्म से बहुत पुण्य होगा।

शकुंतला : तू ठीक कहती है, प्रियंवदा !

फिर से वृक्ष सींचने का अभिनय करती है।

दुष्यंत : (सुनकर, स्वगत)
तो यही है कण्व की बेटी शकुंतला ? इसे इस तरह आश्रम के कार्य में लगाकर महर्षि ने विवेक का परिचय नहीं दिया।

निःसंदेह
यदि ऋषि चाहते हैं
कि
यह निसर्ग से सुंदर शरीर
तापस धर्म की
साधना करे,
तो उनका यह प्रयत्न
नीले कमल की पंखुड़ी से
शंबा की डाल
काटने का-सा है।

तो पेड़ की ओट में रहकर इसे निःशंक भाव से काम करते देखता हूँ।

वैसा ही करता है।

शकुंतला : देख अनसूया, प्रियंवदा ने मेरा वल्कल कितना कस दिया है ! मुझे कष्ट हो रहा है, इसे थोड़ा ढीला कर दे।

प्रियंवदा : (हँसकर) मुझे क्यों कोसती है ? अपने उभरते यौवन को कोस, जिसने तेरे स्तनों में इतना उभार ला दिया है !

दुष्यंत : ठीक कहा है इसने।

यह अभिनव शरीर,
महीन गाँठों से
कंधे पर कसे,
और स्तनों के विस्तार को
अपने में समेटे,
इस वल्कल में
अपनी पूरी शोभा
उसी तरह

नहीं दिखा पा रहा
जैसे
पीले पत्तों के झुरमुट में
एक नया फूल।

वल्कल इसके अनुरूप परिधान नहीं, फिर भी इससे इसका शरीर रूखा जान पड़ता हो, ऐसा नहीं। क्योंकि—

सेंवार से घिरा होने पर भी
कमल
सुंदर ही रहता है;
कालिमा के रहते भी
चाँद
चाँदनी छिटकाता है।
वल्कल के परिधान में भी
यह बाला
आकर्षक जान पड़ती है;
क्या है
जो एक रमणीय आकृति को
और रमणीय नहीं बना देता ?
और
मृगनयनी के शरीर पर
रूखा वल्कल भी
सुंदर जान पड़ता है;
मन में सुरुचि को
इससे तनिक भी
आघात नहीं पहुँचता।
यह एक
खिली कमलिनी है,
और
वल्कल
इसका अपना ही

कुछ ऊपर तक उठा
वृंत-जाल !

शकुंतला : (सामने देखकर)

अनसूया, प्रियंवदा, हवा से हिलती उँगलियों से यह आम का वृक्ष मुझसे कुछ कहता-सा जान पड़ता है। चलकर इसे भी पानी दे दूँ जिससे यह भी लहलहा उठे।

प्रियंवदा : देख, क्षण-भर यहीं इसके पास रुकी रहना।

शकुंतला : क्यों ?

प्रियंवदा : तेरे पास होने से लगता है आम के वृक्ष को एक नई लता का साथ मिल गया है।

शकुंतला : ऐसी बातें करती है, इसलिए तो तेरा नाम प्रियंवदा है।

दुष्यंत : प्रियंवदा का कहना कितना सच है ! क्योंकि—

नई कोंपल-सा
लाल अधर,
कोमल टहनियों-सी
दुबली बाँहें
और
एक लुभावने फूल-सा है
इसके अंगों में खिला
इसका यौवन।

अनसूया : इस नवमालिका को तू भूल गई, शकुंतला, जिसने आम के वृक्ष से स्वयंवर रचाया है, और जिसे तूने ही वनतोषिणी, यह नाम दे रखा है ?

शकुंतला : इसे भूलूँगी, तो अपने को भी भूल न जाऊँगी ? सच, इन दोनों की रति के लिए कितना सुंदर समय है यह ! नवमलिका का यौवन फूलों से लद गया है, और आम पर फलों का इतना भार है कि वह उपभोग के लिए झुका जा रहा है।

प्रियंवदा : (मुसकराकर)

अनसूया, तू जानती है शकुंतला वनतोषिणी की ओर

इतना क्यों देखती है ?

अनसूया : बता, क्यों देखती है ?

प्रियंवदा : इसलिए कि जैसे वनतोषिणी को अपने अनुरूप वृक्ष मिला है, वैसे ही इसे भी अनुरूप पति मिले।

शकुंतला : यह तू अपने मन की बात कह रही होगी।

अनसूया : शकुंतला, इस माधवी लता को तू क्यों भूल रही है जिसे तात कण्व ने तेरी ही तरह अपने हाथों से पाला है ?

शकुंतला : इसे भूलूँगी, तो अपने को भी न भूल जाऊँगी ? (लता के पास जाकर और उसे देखकर, प्रसन्न भाव से) ओह ! कितने आश्चर्य की बात है ! सुन प्रियंवदा, इधर आ ! तुझे एक अच्छा-सा समाचार दूँ।

प्रियंवदा : अच्छा-सा समाचार ?...ऐसा क्या समाचार है ?

शकुंतला : इस माधवी लता को देख...देख, कैसे यह असमय ही ऊपर से नीचे तक खिल उठी है !

अनसूया

प्रियंवदा : सच कह रही है ?

शकुंतला : सच नहीं तो क्या ? तुम दोनों आकर देख लो न !

प्रियंवदा : (देखकर हर्षपूर्वक)

तो इसके बदले सुन...तेरे लिए भी एक अच्छा-सा समाचार है।

शकुंतला : मेरे लिए अच्छा-सा समाचार ?...बता, क्या समाचार है ?

प्रियंवदा : बस समझ ले कि तेरा विवाह अब होने ही वाला है।

शकुंतला : यह तेरे अपने मन की चाह होगी...जा, मैं तेरी बात नहीं सुनती।

प्रियंवदा : मैं यह हँसी में नहीं कह रही। यह शकुन तेरे लिए शुभ है...ऐसा मैंने तात कण्व के मुँह से सुना था।

अनसूया : तभी तो न यह इतने प्यार से माधवी-लता को सींचा करती है।

शकुंतला : क्यों न इसे प्यार से सींचूँ मैं ? मेरी बहन है यह ?

दुष्यंत : संभव है कुलपति कण्व की यह असवण संतान हो। नहीं,

इस संबंध में संदेह नहीं होना चाहिए।

निःसंदेह
क्षत्रिय से
इसका विवाह
संभव है;
तभी
मेरे आर्य मन में
इसके लिए
अभिलाषा जाग रही है।
जहाँ
संदेह का विषय हो,
वहाँ
सत्पुरुष का अंतःकरण ही
सबसे बड़ा प्रमाण है।
फिर भी वास्तविकता का पता अभी चल ही जाएगा।

शकुंतला : (घबराई-सी)

हाय, देखो, नवमालिका को पानी देने से अचकचाया यह भौंरा उससे हटकर मेरे मुँह के आसपास मँडराने लगा।

भौंरे को हटाने का अभिनय करती है।

दुष्यंत : (अभिलाषा के साथ देखकर)

इसका भौंरे को हटाना भी कितना सुंदर लग रहा है !

जिधर-जिधर से
भौंरा
उड़कर आता है,
उधर-उधर को
इसकी तिरछी आँखें
घूम जाती हैं।
इन आँखों में
कामना नहीं,
केवल भय है–

फिर भी
इसकी नाचती भौंहों को देखकर
लगता है
कि यह केवल
दृष्टि-विलास का ही
अभ्यास कर रही है।
और (जैसे ईर्ष्या के साथ)
इसकी
चंचल और काँपती
आँखों को छूकर,
भेद की बात
कहने की तरह
कानों के पास
हौले से गुनगुनाकर,
और
लगातार
इसके हाथ पटकने पर भी
चुपके से
इसका अधर-पान करके,
और इस तरह
रति का सर्वस्व पाकर
मधुकर,
तुम तो कृतकृत्य हुए–
मारे गए हम
जो अब तक
वास्तविकता ही खोज रहे हैं।
और–
काँपती-सी चंचल दृष्टि
और
भौंहों की कुटिल भंगिमाएँ !

बल खाए सुंदर कटि
तिरछी होकर बार-बार हिलती हुई !
कोमल पत्तियों जैसे हाथ,
ऊपर-नीचे को थिरकते हुए !
यह सब
और खुले होंठों से निकलता
हल्का सीत्कार—
जान पड़ता है कि
यह सु-स्तनी
भौंरे के डर से व्याकुल
तापस कन्या नहीं,
बिना वाद्यों के नाचती
कुशल नर्त्तकी है !

शकुंतला : अनसूया, प्रियंवदा, बचाओ न मुझे इस दुष्ट भौंरे से। यह तो मेरा पीछा ही नहीं छोड़ता।

अनसूया
प्रियंवदा : (मुसकराकर)
हम कौन हैं तुझे बचानेवाली ? पुकारना है तो राजा दुष्यंत को पुकार जो इस तपोवन के रक्षक हैं।

दुष्यंत : (स्वगत)
यह अवसर है अपने को सामने करने का। (प्रकट) देखो, डरो नहीं, डरो नहीं...(बात बीच में ही रोककर, स्वगत) पर इससे तो इन्हें पता चल जाएगा कि मैं ही राजा दुष्यंत हूँ...नहीं, मुझे एक सामान्य अतिथि की तरह ही आचरण करना चाहिए।

शकुंतला : यह दुष्ट तो हटने में नहीं आता। तो मैं ही दूसरी ओर चली जाती हूँ। हाय ! यह तो इधर भी पीछे-पीछे चला आ रहा है ! तुम लोग बचाओ न मुझे।

दुष्यंत : (जल्दी से आगे आकर)
दुष्टों के विनाशक

पौरव के शासन में
कौन है
जो
भोली तपस्वी, कन्याओं को
अनाचार से
पीड़ित कर रहा है ?

तीनों दुष्यंत को देखकर घबरा जाती हैं।

अनसूया

प्रियंवदा : आर्य, कोई भी यहाँ अनाचार नहीं कर रहा। केवल एक भौंरा है जिसके पास आकर मँडराने से हमारी सखी डर गई है।

दुष्यंत : (शकुंतला के पास आकर)
कहो, तुम्हारी तपस्या तो उत्कर्ष पर है ?

शकुंतला लजाकर सिर झुका लेती है।

अनसूया : हाँ, एक विशेष अतिथि के आने से अवश्य उत्कर्ष पर है।

प्रियंवदा : हम आर्य का स्वागत करती हैं। शकुंतला, जा, पर्णशाला से अर्घ्यपात्र में फल रखकर ले आ। पैर धोने का पानी यहीं से हो जाएगा।

दुष्यंत : नहीं-नहीं, आप लोगों की मधुर वाणी से ही हमारा आतिथ्य हो गया।

अनसूया : आर्य, सप्तपर्णा वेदी में बैठकर थकान दूर कर लें। यहाँ ठंडी छाँह भी है।

दुष्यंत : आप लोग भी तो अपने पुण्यकार्य से थक गई होंगी। कुछ देर आप भी बैठें।

प्रियंवदा : (अलग से)
आ शकुंतला, कुछ देर बैठ जाएँ। अतिथि का आदर करना हमारा कर्त्तव्य है।

शकुंतला : (स्वगत)

क्या है यह...क्यों इस व्यक्ति को देखकर मन में यह ऐसा भाव उठ रहा है जो कि तपोवन की मर्यादा के अनुकूल नहीं ?

दुष्यंत : (उन सबको देखकर)
यह एक-सी उम्र और एक-से रूप की मित्रता कितनी अच्छी लग रही है !

प्रियंवदा : (अलग से)
यह कौन व्यक्ति हो सकता है, अनसूया ? आकृति में इतनी गंभीरता है कि उसकी थाह नहीं और बात करने के ढंग में मिठास भी है, प्रभाव भी और उदारता भी।

अनसूया : यही उत्सुकता मेरे मन में भी है। तो इसी से पूछती हूँ। (प्रकट) आर्य की मधुर वाणी से विश्वास पाकर पूछ रही हूँ। कौन-सा राजर्षि वंश है जिसकी आप से शोभा है ? कौन-सा देश है जिसे आप विरह से उत्सुक छोड़ आए हैं ? कौन-सा कारण है जिससे आपने अपने कोमल शरीर को यहाँ तपोवन में आने का कष्ट दिया है ?

शकुंतला : (स्वगत)
व्याकुल मत हो, हृदय ! जो तू सोच रहा था, वह सब अनसूया ने पूछ लिया है।

दुष्यंत : (स्वगत)
अब इन्हें अपना परिचय कैसे दूँ ?...या कैसे इनसे अपना परिचय छिपाऊँ ?...हाँ, इस तरह ठीक है। (प्रकट) देखिए, मैं...मैं एक वेदविद् ब्राह्मण हूँ। राजा पौरव ने मुझे अपने नगर में धर्माधिकार के कार्य में नियुक्त कर रखा है। मन में इस पवित्र आश्रम को देखने की लालसा थी, इसीलिए इस धर्मवन की ओर चला अ।या हूँ।

अनसूया : यहाँ रहकर धर्माचरण करनेवालों के लिए यह गौरव का विषय है।

शकुंतला शृंगार-लज्जा का अभिनय करती है।

अनसूया
प्रियंवदा : (दुष्यंत और शकुंतला का भाव देखकर अलग से) शकुंतला, आज यदि तात कण्व यहाँ पर होते तो...

शकुंतला : तो क्या होता ?

अनसूया
प्रियंवदा : तो अपना सबकुछ देकर भी इस विशेष अतिथि का सत्कार करते।

शकुंतला : (दिखावटी क्रोध के साथ)
हटो, तुम लोग कुछ और ही मन में रखकर बात कर रही हो। मैं तुम्हारी बात नहीं सुनती।

दुष्यंत : हम भी आपकी सखी के विषय में कुछ पूछना चाहते हैं।

अनसूया
प्रियंवदा : यह आपका अनुग्रह है, इसमें याचना कैसी ?

दुष्यंत : महर्षि कण्व तो...जन्म से ब्रह्मचारी हैं न ? तो फिर यह उनकी बेटी कैसे है ?

अनसूया : आर्य जानना चाहते हैं, तो मैं बताती हूँ। एक बहुत प्रभावशाली राजर्षि हैं...उनका गोत्र-नाम है कौशिक।

दुष्यंत : हाँ, हाँ, महर्षि कौशिक।

अनसूया : वही वास्तव में इसके पिता है। उनके छोड़ देने पर इसका पालन तात कण्व ने किया, इस नाते वे भी इसके पिता हैं।

दुष्यंत : उनके छोड़ देने पर...यह सुनकर तो और भी उत्सुकता जागती है। हम पूरी बात जानना चाहेंगे।

अनसूया : सुनिए। बहुत पहले की बात है। उन दिनों वे राजर्षि उग्र तपस्या कर रहे थे। इससे आशंकित होकर देवताओं ने उनकी तपस्या में बाधा डालने के लिए मेनका नाम की अप्सरा को उनके पास भेजा।

दुष्यंत : हाँ, सब जानते हैं कि देवता दूसरों की समाधि से कितना डरते हैं। फिर ?

अनसूया : वसंत उतर रहा था। समय रमणीय था। ऐसे में उसके

उन्मादक रूप को देखकर...

आधी बात कहकर संकोच से चुप हो जाती है।

दुष्यंत : हमें देखते ही लगा था कि यह केवल अप्सरा की ही संतान हो सकती है।

अनसूया : हाँ, यही सच है।

दुष्यंत : ठीक ही तो है।

मानवी से
ऐसे रूप का
उदय
क्योंकर संभव है ?
काँपती विद्युत्
क्या कभी
धरती के गर्भ से भी जन्म ले सकती है ?

शकुंतला लजाकर सिर नीचा किए रहती है।

(स्वगत) तब तो अपनी मनोकामना पूरी हो सके, ऐसी संभावना है !

प्रियंवदा : (मुसकराकर शकुंतला की ओर देखते हुए दुष्यंत से) लगता है आप अभी कुछ और भी कहना चाहते हैं।

शकुंतला तर्जनी के संकेत से उसे धमकाती है।

दुष्यंत : आपका अनुमान ठीक है। यह सुंदर गाथा सुनकर और भी कुछ पूछने को मन होता है।

प्रियंवदा : आप संकोच न करें। तपस्वियों से कुछ भी जानने-पूछने में आचार का उल्लंघन नहीं होता।

दुष्यंत : हमें पूछना यह है कि—

क्या केवल
कन्यादान होने तक ही
यह

कामनाओं से परे रहकर
तापसधर्म का
पालन करेगी,
या
आजीवन
अपने जैसी आँखोंवाली
सुंदर हरिणियों के साथ
यहाँ विचरण करती रहेगी ?

प्रियंवदा : इस समय तो धर्माचरण का अंकुश इसके सिर पर है, पर तात का निश्चय यही है कि अनुकूल वर मिलने पर इसका कन्यादान कर देंगे।

दुष्यंत : (प्रसन्न होकर स्वगत)
हृदय,
अब तू अपनी
अभिलाषा पर
नियंत्रण न रख—
संदेह
दूर हो गया !
यह आग नहीं
जैसी कि तुझे आशंका थी,
बल्कि
एक शीतल रत्न है,
जिसे
तू छू सकता है।

शकुंतला : (जैसे क्रोध से)
देख अनसूया, अब मैं यहाँ से जा रही हूँ।

अनसूया : क्यों ?

शकुंतला : मैं जाकर आर्या गौतमी को बताती हूँ कि यह प्रियंवदा यहाँ क्या-क्या उल्टा-सीधा बक रही है।

अनसूया : ना-ना, हम आश्रमवासियों के लिए यह उचित नहीं कि

एक विशेष अतिथि आया हो, और हम ठीक से उसका सत्कार किए बिना ही उसके पास से उठकर चल दें।

शकुंतला बिना उत्तर दिए वहाँ से चल देती है।

दुष्यंत : (स्वगत)

यह तो सचमुच चल ही दी।

जैसे उसे पकड़कर रोकना चाहता है पर अपनी इच्छा पर वश पा लेता है।

सच, एक कामातुर व्यक्ति की चेष्टाएँ भी उसके मनोभावों जैसी ही होने लगती हैं। अब मैं ही–

अपने स्थान से
नहीं चला,
पर जैसे
चलकर लौट आया !
विनय ने रोक लिया
नहीं तो
मुनि-कन्या के
पीछे-पीछे
चला जाता।

प्रियंवदा : (शकुंतला के पास जाकर)

सुन चंडी, तू इस तरह यहाँ से नहीं जा सकती।

शकुंतला : (घूमकर भौंहें चढ़ाए हुए)

क्यों नहीं जा सकती ?

प्रियंवदा : तेरे ऊपर मेरा ऋण है, दो पेड़ सींचने का। उसे उतार ले, तब जाना।

उसे पकड़कर रोकती है।

दुष्यंत : वह बेचारी तो पेड़ सींच-सींचकर पहले ही इतना थक गई है ! देखो न–

घड़ा उठाए रहने से
कंधे झुके-झुके-से

और हथेलियाँ
अभी तक लाल हैं;
साँस
इतनी तेज़ है कि
स्तन
काँप-काँप जाते
मुँह पर
पसीने की
इतनी-इतनी जालियाँ हैं कि
कानों के शिरीष फल
कुम्हलाकर झुके जाते हैं;
और बंधन खुल जाने से
एक हाथ में सँभाले केश
ऐसी विवशता है कि
सँभल नहीं पा रहे हैं।
इसलिए इसका ऋण मैं उतार देता हूँ।

अपनी अँगूठी उतारकर देता है। अनसूया और प्रियंवदा अँगूठी पर नाम के अक्षर पढ़कर एक ओर देखती हैं।

दुष्यंत : आप कुछ और न सोचें। यह मुझे राजा से भेंट में मिली है।

प्रियंवदा : तब तो आपको इसे अपनी उँगली से अलग नहीं करना चाहिए। शकुंतला का ऋण आपके इन शब्दों से ही उतर गया।

अनसूया : देख शकुंतला, आर्य ने—राजर्षि ने—तुझे ऋणमुक्त कर दिया है। अब तू यहाँ से जा सकती है।

शकुंतला : (स्वगत)
अपने पर वश होता तो क्या कभी भी यहाँ से जाती ?

प्रियंवदा : तो अब जा क्यों नहीं रही तू ?

शकुंतला : मैं तेरे अधीन हूँ क्या ? जब मेरा मन होगा, तब जाऊँगी।

दुष्यंत : (शकुंतला की ओर देखकर स्वगत)

जैसा मैं इसके लिए सोच रहा हूँ, क्या वैसा ही यह भी अपने मन में मेरे लिए सोच रही होगी ? लगता है मेरी कामना निराधार नहीं है। क्योंकि–

चाहे
मेरी बात से मिलाकर
बात नहीं करती,
फिर भी
मेरे बात करने पर
कान इसके
इसी ओर रहते हैं।
चाहे
अधिक देर
मुँह
इस ओर नहीं रख सकती,
फिर भी
दूसरी किसी ओर भी
बहुत देर तक
यह
नहीं देख पाती।

नेपथ्य से : सुनो तपस्वियो, सुनो ! तपोवनवासी जीवों की रक्षा के लिए तैयार हो जाओ। शिकार करता हुआ राजा दुष्यंत यहाँ पास तक आ पहुँचा है।

गिर रही है
घोड़ों की टापों में उठी,
धूल–
अस्त होते सूर्य की
किरणों-सी लाल,
और
टिड्डी-दल-सी

घनी–
आश्रम के
उन वृक्षों पर
जिनकी शाखाओं पर हमने
अपने गीले वल्कल,
सूखने के लिए
फैला रखे हैं !

दुष्यंत : ओह ! कितना बुरा हुआ ! लगता है मुझे खोजते हुए मेरे सैनिकों ने तपोवन को घेर लिया है।

पुनः नेपथ्य से : सुनो तपस्वियो, सुनो ! बूढ़ों, बच्चों और स्त्रियों को व्याकुल करता एक हाथी इसी ओर चला आ रहा है !

अनसूया, प्रियंवदा और शकुंतला सुनकर घबराई-सी ही रहती हैं।

दुष्यंत : (स्वगत)
कितनी बुरी बात है कि अनजाने ही इन तपस्वियों के प्रति हमसे यह अपराध हुआ जा रहा है। मुझे उधर जाकर देखना चाहिए।

अनसूया
प्रियंवदा : देखिए, इस हाथी के ऊधम ने हमें घबरा दिया है। हमें अनुमति दें कि हम अपनी पर्णशाला में चली जाएँ।

शकुंतला : (ठीक से चल पाने में असमर्थता का अभिनय करती हुई) हाय, क्या हो गया है–जाँघें काँपने से मेरे लिए तो चलना असंभव हो रहा है।

दुष्यंत : आप लोग सहज भाव से जाएँ। इधर मैं प्रयत्न करता हूँ कि आश्रम को किसी प्रकार की क्षति न पहुँचे।

अनसूया
प्रियंवदा : हम अपराधिनी हैं कि इस तरह आपका आतिथ्य बीच में ही छोड़कर जा रही हैं। आप सब जानते हैं, इसलिए विश्वास है क्षमा कर देंगे। यह इसलिए भी कह रही हूँ कि आतिथ्य पूरा कर सकें, इसलिए फिर भी अपने दर्शन

का अवसर देंगे।

दुष्यंत : ऐसा न कहें। आप लोगों से मिल लेने से ही हमारा आतिथ्य पूरा हो चुका।

शकुंतला : देख न अनसूया, यह नई कुशा का एक काँटा मेरे पैर में गड़ गया है। इधर वल्कल इस पेड़ की शाखा में उलझ गया है। तुम लोग थोड़ा रुको जिससे मैं इसे छुड़ा लूँ।

बहाने से रुक-रुककर दुष्यंत की ओर देखती हुई अनसूया और प्रियंवदा के साथ चली जाती है।

दुष्यंत : (निःश्वास छोड़कर)

तो ये चली गईं ! अब मुझे भी चलना चाहिए। शकुंतला को देखने के क्षण से ही मन में लौटकर नगर जाने की चाह नहीं रही। अब चलकर पीछे आते सैनिकों से कह दूँ कि वे तपोवन से थोड़ी दूरी पर ठहरें। मन में यह शक्ति नहीं कि शकुंतला को फिर से देखे बिना यहाँ से जा सकूँ।

शरीर
आगे जा रहा है,
किंतु
मन की दिशा
पीछे की ओर है !
महीन रेशम की
ध्वजा-सा है यह मन
जिसे मैं
वायु से प्रतिकूल
दिशा में लिये जा रहा हूँ।

प्रस्थान

॥ प्रथम अंक ॥

अंक : दो

[तपोवन के पास की भूमि]

विदूषक का प्रवेश।

विदूषक : (निःश्वास छोड़कर)

मार दिया इस शिकारी राजा की मित्रता ने। गरमी की भरी दोपहर, दूर-दूर तक कहीं पेड़ों की छाया नहीं, और ऐसे में 'यह रहा हरिण, वह रहा सूअर, वह रहा बाघ' करते हुए जंगल-भर में घूमते फिरो और बाद में पियो सड़े पत्तों पर से होकर आता कसैला, बेस्वाद, कड़वा, गरम पानी—इन पहाड़ी नदियों का ! खाने को अधिकतर जलता-जलता मांस, और वह भी जब जिस समय मिल जाय ! हाथी-घोड़ों के चिंघाड़ने-हिनहिनाने से रात को भी ठीक से नींद नहीं आती और अब सुबह-सुबह ही इस हो-हल्ले ने मुझे जगा दिया है—दासी के बेटे तीतरमार शिकारी जंगल की ओर जा रहे हैं !

पर इतने से ही मेरा दुःख समाप्त नहीं होता—ऐसे में जले गाल पर एक फोड़ा और निकल आया है। अर्थात् पीछे रहकर यह सब दुःख भोग ही रहा था कि दुर्भाग्य की एक और मार सिर पर आ पड़ी है ! मृग का पीछा करते राजा ने आश्रम में जाकर वहाँ शकुंतला नाम की किसी तपस्वी-कन्या को देख लिया है। उसे देख लेने के बाद अब लौटकर नगर चलने की बात ही नहीं करता !

यह सब सोचते हुए आँखों में ही रात बीत गई। पर किया क्या जाय ? प्रिय मित्र ने अब तक समय के अनुकूल वेश धारण कर लिया होगा, तो चलकर उसी से मिला जाय। (घूमकर और देखकर) प्रिय मित्र तो इधर

ही चले आ रहे हैं। हाथ में धनुष, हृदय में शकुंतला और गले में वन-फूलों की माला ! तो हाथ-पैर टेढ़े करके व्याकुल-सा बनकर यहीं खड़ा हो रहता हूँ। संभव है इसी तरह कुछ विश्राम मिल सके।

लाठी के सहारे खड़ा हो रहता है।

निर्दिष्ट वेश में दुष्यंत का प्रवेश।

दुष्यंत : (स्वगत)

मिलन
सुलभ नहीं,
फिर भी
उसका भाव देखकर
मन को आश्वासन है।
कामना की पूर्ति
चाहे न भी हो,
फिर भी
दोनों ओर की आकांक्षा
मन को
संतोष देती ही है।

(मुसकराकर) कामातुर व्यक्ति कैसे यह सोचकर अपने को ठगता है कि उसके प्रिय की मनःस्थिति ठीक वैसी ही होगी जैसी कि उसकी कामना है।

स्नेह-भरी आँखों से
उसने
दूसरी ओर देखा,
तो वह भी;
भारी नितंबों के भार से
विलासपूर्वक
धीरे-धीरे चलकर गई,
तो वह भी;
और

'मत जा'
सखी के कहने पर,
उसने झिड़ककर
जो उत्तर दिया,
वह भी–
लगता है कि
सबकुछ मेरे लिए ही था !
कैसी है यह कामना
जो
उसके हर कार्य को
अपने–
केवल अपने ही लिए–
मानकर
चलना चाहती है ?

विदूषक : (उसी तरह खड़ा हुआ)
देखिए महाराज, अपना हाथ तो चलता नहीं, इसलिए केवल शब्दों से ही अभिवादन कर रहा हूँ। जय हो आपकी !

दुष्यंत : (देखकर और मुसकराकर)
क्यों, क्या हुआ ? तुम्हारे अंग कैसे जकड़ गए ?

विदूषक : कैसे जकड़ गए ? स्वयं आँख फोड़कर पूछते हो कि रो क्यों रहे हो ?

दुष्यंत : बात समझ में नहीं आई। ज़रा दूसरी तरह से समझाओ।

विदूषक : बेंत अगर कुबड़ा होकर झुक जाय, तो उसका कारण क्या होगा ? वह स्वयं या नदी का वेग ?

दुष्यंत : कारण तो नदी का वेग ही रहेगा।

विदूषक : इसी तरह मेरी इस अवस्था के कारण आप हैं।

दुष्यंत : कैसे ?

विदूषक : वह ऐसे कि आप तो अपना राज-काज और...इतना अच्छा सुरक्षित प्रदेश छोड़कर यहाँ वनचर बनकर रहने

लगे। अब मैं आपसे क्या कहूँ ? प्रतिदिन सिंहों और बाघों का पीछा करते-करते मुझ ब्राह्मण का बुरा हाल है। मेरी हड्डियों के जोड़ इस तरह हिल गए हैं कि मेरे चलाए अब वे नहीं चलते। इसलिए इतनी कृपा करें कि कम-से-कम एक दिन तो विश्राम कर लें।

दुष्यंत : (स्वगत)

इधर इसका यह कहना है, और उधर बार-बार शकुंतला का ध्यान आने से मेरा भी मन शिकार में नहीं लग रहा।

बाण धनुष पर है,
किंतु
उसे हरिणों पर छोड़ने का
उत्साह मन में नहीं है।
इन्हीं हरिणों ने तो
साथ रह-रहकर
अपनी आँखों की सुंदरता
उसे भी
दे दी है।

विदूषक : (दुष्यंत की ओर देखता हुआ)

अब आप अपने ही मन में अपने से बात करने लगे। मेरा बात करना जंगल में रोना नहीं तो क्या है ?

दुष्यंत : (मुसकराकर)

मेरी चुप्पी का अर्थ यही है कि मित्र की बात टाली नहीं जा सकती।

विदूषक : (संतुष्ट भाव से)

ऐसा है तो तुम्हारी दीर्घ आयु हो।

दुष्यंत : ठहरो, मेरी शेष बात तो सुन लो।

विदूषक : आज्ञा।

दुष्यंत : तुम विश्राम कर चुको, तो तुम्हें एक और कार्य में मेरी सहायता करनी है।

विदूषक : किस कार्य में—लड्डू खाने में ?

दुष्यंत : जो भी कार्य मैं कहूँगा।

विदूषक : मैं इसी क्षण से वचनबद्ध हूँ।

दुष्यंत : (पुकारकर)
यहाँ कोई है ?

दौवारिक : (प्रवेश करके)
आज्ञा, स्वामी !

दुष्यंत : रैवतक, सेनापति को बुला लाओ !

रैवतक : जैसी आज्ञा। (जाकर और सेनापति के साथ पुनः प्रवेश करके) आइए, आइए, आर्य ! बात करते हुए स्वामी यहीं बैठे हैं। आप पास जा सकते हैं।

सेनापति : (राजा को देखकर)
मृगया के दोष स्पष्ट हैं, फिर भी स्वामी के लिए वह लाभकारी ही सिद्ध हुई है। क्योंकि–

निरंतर
धनुष की डोरी खींचने से
कठिन हुआ शरीर
धूप सह लेता है,
और
पसीने की बूँदों से
विचलित नहीं होता;
वस्त्रों में छिपे अंग
यूँ चाहे दुबले हैं,
परंतु
उनमें प्राण-शक्ति
उतनी ही है
जितनी
पर्वतों पर विचरण करते
हाथी में।

(पास आकर) स्वामी की जय हो ! इसका पता चला लिया गया है कि वन में हरिण कहाँ-कहाँ हैं, और हिंस्र

जीवों के आवास कौन-कौन-से हैं। अब आगे के लि स्वामी आदेश दें।

दुष्यंत : भद्रसेन, माधव्य ने शिकार की निंदा कर-करके हमारा उत्साह ठंडा कर दिया है।

सेनापति : (अलग से)

मित्र माधव्य, तुम अपनी बात पर अड़े रहना, दूसरी ओर मैं स्वामी के मन की बात करता हूँ। (प्रकट) स्वामी, यह मूर्ख तो ऐसे ही बकता है। अब आप ही देखिए न–

मेद छँट जाने से
उदर क्षीण होता है
और शरीर में
उत्साह भरा रहता है;
पशुओं में
भय और क्रोध की
अलग-अलग प्रतिक्रियाएँ
देखने का अवसर मिलता है,
और
चंचल लक्ष्य पर
निशाना साधने से
धनुष चलाने का
वास्तविक उत्कर्ष
सामने आता है।
वे झूठे हैं
जो
मृगया को
एक व्यसन बताते हैं :
इससे अच्छा
दूसरा मनोरंजन
और हो ही क्या सकता है ?

विदूषक : (रोष के साथ)

हट रे, बड़ा आया उत्साह दिलानेवाला। महाराज वास्तविकता जान गए हैं। अब जा दासी के बेटे, तू एक वन से दूसरे वन में घूमता फिर। देखना, सियारों और हरिणों की बाट में जीभ लपलपाता कोई बूढ़ा रीछ तुझे खाएगा।

दुष्यंत : हम इस समय आश्रम के निकट हैं, सेनापति, इसलिए मैं तुम्हारी बात नहीं मान रहा। अब तो–

भैंसों को
सींगों से मथे
सरोवर के पानी में
नहाने दो
हरिणों को
पेड़ों की छाया में
जमा होकर
जुगाली करने दो;
बड़े-बड़े शुकरों को
निश्चिंत होकर
पोखरों में नहाते हुए
मोथा उखाड़ने दो;
और
हमारे धनुष को,
इसकी डोरी ढीली करके
कुछ समय
विश्राम करने दो।

सेनापति : आप स्वामी हैं, जैसी आपकी इच्छा।

दुष्यंत : इसलिए आगे गए धनुर्धारियों को वापस बुला लो। सैनिकों को मना कर दो कि वे तपोवन को घेरें नहीं, और वहाँ से दूर ही रहें। देखो–

शांत हैं ये तपोवन

किंतु
इनमें कहीं निहित है
एक तेज
जो कि
कभी भी सुलग सकता है।
शीतल होते हुए भी
सूर्यकांत मणि
धूप की गरमी पड़ने से
सहसा
दहक उठती है।

सेनापति : जैसी स्वामी की आज्ञा।

विदूषक : आया था न उत्साह दिलाने ! चल, अब निकल यहाँ से।

सेनापति चला जाता है।

दुष्यंत : (अनुचरों की ओर देखकर)
आप लोग शिकार का वेश उतार दें। रैवतक, तुम भी अब अपने काम में लगो।

रैवतक : जैसी महाराज की आज्ञा।

चला जाता है।

विदूषक : आपने तो सबको भगा दिया—एक मक्खी तक यहाँ नहीं रही। तो आइए, यहाँ चँदोवे जैसी वृक्ष की छाया में यह एक शिला है, इस पर बैठ जाइए। मैं भी कुछ देर सुख से बैठ लूँ।

दुष्यंत : तो तुम आगे चलो।

विदूषक : आइए, इधर से आइए।

घूमकर दोनों बैठ जाते हैं।

दुष्यंत : मित्र माधव्य, तुमने आँखों का कुछ फल नहीं पाया क्योंकि सृष्टि का सबसे अपूर्व सृजन तो तुमने देखा ही नहीं।

विदूषक : वह तो आप ही हैं जो मेरे सामने बैठे हैं।

दुष्यंत : अपने को तो सभी सुंदर समझते हैं, परंतु मैं शकुंतला की

बात कर रहा हूँ जो इस आश्रम की शोभा है।

विदूषक : (स्वगत)

होगी, पर मैं इसके प्रणय को बढ़ावा नहीं दूँगा। (प्रकट) सुनो, तपस्वी, कन्या होने से जिसे पाया नहीं जा सकता, उसे देखने से लाभ ?

दुष्यंत : छिः ! मूर्ख !

मुँह ऊपर को उठाकर
अपलक आँखों से
नई चंद्रकला को
विश्व
भला
किस भावना से देखता है ?

फिर दुष्यंत का मन कभी किसी ऐसी वस्तु पर नहीं आ सकता जिसकी कामना वर्जित हो।

विदूषक : बात ज़रा खोलकर बताओ।

दुष्यंत :

सुंदर अप्सरा के गर्भ से उत्पन्न
वह
एक मुनि की
छोड़ी हुई संतान है
जिसका
किसी और ने भरण किया है।
टहनी से टूटा
नवमालिका का फूल है वह
जो
संयोग से
आक की पत्तियों में
आ गिरा है।

विदूषक : (हँसकर)

अच्छा, अच्छा, तो जैसे खजूर से अघाकर इमली खाने को मन होता है, उसी तरह अंतःपुर की सुंदरियों का उपभोग

करने के बाद अब आपका इस तापसी के लिए मन हो आया है !

दुष्यंत : मित्र, तुमने उसे देखा नहीं, इसीलिए ऐसा कह रहे हो।

विदूषक : होगी तो वह सुंदर ही जिसने आपको भी इस तरह चमत्कृत कर दिया है।

दुष्यंत : अधिक क्या कहूँ मित्र ?

एक ओर
विधाता की सामर्थ्य
और दूसरी ओर
उसका रूप
लगता है कि
सौंदर्य के सभी उपादानों को
मन में लाकर
रूप के विशेष संचय से ही
विधाता
इस कोमलांगी की
रचना कर पाया है।
तभी तो न ऐसी
रत्नराशि-सी
एक अलग ही नारी सृष्टि
संभव हो सकी है।

विदूषक : इसका अर्थ यह हुआ कि वह शेष सभी सुंदरियों से बढ़कर है !

दुष्यंत : मेरे मन की प्रतिक्रिया तो यह है कि...

फूल है वह
जिसे किसी ने सूँघा नहीं,
कोंपल है
जिसे किसी नाखून ने कभी छीला नहीं,
रत्न है
जिसे कभी बींधा नहीं गया,

और
शहद है
जिसका रस कभी किसी ने चखा नहीं।
न जाने किसके
अखंड पुण्यों का
फल है उसका रूप,
और न जाने
संसार में
किसका भाग्य होगा
कि उसका वरण करे।

विदूषक : तब तो जल्दी ही कीजिए। ऐसा न हो कि वह हिंगोट के तेल से चिकने सिर वाले किसी तपस्वी के हाथ में जा पड़े।

दुष्यंत : वह बेचारी पराधीन है और उसके अभिभावक यहाँ हैं नहीं।

विदूषक : अच्छा यह तो बताओ कि तुम्हारे प्रति उसका अनुराग कैसा है ?

दुष्यंत : मित्र, तपस्वी-कन्याएँ स्वभाव से ही भोली होती हैं। फिर भी–

मेरे सामने रहते
उसने मेरी ओर देखा भी
तो केवल
मुँदी-मुँदी आँखों से,
किंतु
दूसरी किसी बात पर
बिना कारण
अनायास ही हँस दी।
इस तरह
विनय के आवरण में रहकर
अपनी कामना को

उसने
न तो प्रकट ही किया
और
न छिपा ही सकी।

विदूषक : (हँसकर) तो क्या देखते ही आपकी गोद में आ बैठती ?

दुष्यंत : फिर भी सखियों के साथ लौटकर जाते हुए उसने कई-कई बहानों से अपनी भावना अंशतः प्रकट कर ही दी थी।

पग-दो पग चलकर ही
सहसा
बिना कारण
वह ठिठक गई
कि
उसके पाँव में
काँटा गड़ गया है।
वल्कल
पेड़ की शाखा में उलझा नहीं था,
फिर भी
उसे छुड़ाती
वह मेरी ओर मुँह किए
कुछ पल रुकी रही।

विदूषक : तो कुछ पाथेय तो उसने तुम्हें दे ही दिया। लगता है कि बहुत रंगीन तपोवन है यह।

दुष्यंत : देखो, कुछ तपस्वियों ने मुझे यहाँ पहचान लिया है। अब कोई ऐसा बहाना सोचो जिससे फिर से आश्रम में जाया जा सके।

विदूषक : आप राजा हैं, आपको क्या बहाना चाहिए ?

दुष्यंत : राजा होने से क्या होता है ?

विदूषक : जाकर कहें कि तपस्वी लोग आपको अपनी फसल का छठा भाग दें।

दुष्यंत : मूर्ख, तपस्वी मुझे एक और ही फसल का छठा भाग देते

हैं जिसका मूल्य रत्नों से भी बढ़कर है। देखो–
चार वर्णों के लोग
राजा को
जो कर देते हैं,
वह नश्वर है;
केवल तपस्वी ही
तप के छठे भाग के रूप में
उसे एक
अनश्वर कर दिया करते हैं।

नेपथ्य से : वाह ! तब तो हमारी मनोकामना पूरी हो गई।

दुष्यंत : (सुनकर)
अरे ! ऐसा सौम्य स्वर तो तपस्वियों का ही हो सकता है।

दौवारिक का प्रवेश।

दौवारिक : स्वामी की जय हो। दो ऋषिकुमार प्रतिहार-भूमि में उपस्थित हैं।

दुष्यंत : उन्हें तुरंत यहाँ भेज दो।

दौवारिक : जैसी स्वामी की आज्ञा।

जाकर ऋषिकुमारों के साथ पुनः प्रवेश करता है।

आइए, इधर से आइए।

दोनों ऋषिकुमार राजा की ओर देखते हैं।

एक ऋषिकुमार : शरीर इतना दीप्तिमान है, फिर भी इसमें कितनी विश्वसनीयता है ! या फिर इस ऋषितुल्य राजा के यह अनुरूप ही है। क्योंकि–
ऋषि है यह भी,
केवल
'राजा' का शब्द
अतिरिक्त है;
अन्यथा

सर्वभोग्य आश्रम में
इसका भी आवास है;
रक्षायोग से
प्रतिदिन
तप का संचय
यह भी करता है;
और
इन संयमी के अधिष्ठान में भी
चारणों के द्वंद्वगीत
आकाश की
सीमाओं को छूते हैं।

दूसरा ऋषिकुमार : मित्र, तो यही हैं इंद्र के सखा दुष्यंत ?

पहला ऋषिकुमार : हाँ यही हैं।

दूसरा ऋषिकुमार : आश्चर्य नहीं
कि अकेले ही ये
नगर-द्वार की अर्गला जैसी
अपनी भुजाओं से
श्यामल समुद्र की सीमापर्यंत
सारी धरती का
शासन करते हैं,
क्योंकि
दैत्यों के साथ युद्ध में
देवताओं को
केवल
दो का ही भरोसा रहता है—
एक
इंद्र के वज्र का,
और दूसरे
इनके खिंचे हुए धनुष का।

दोनों ऋषिकुमार : (पास आकर)

राजा, आप विजयी हों।

दुष्यंत : (आसन से उठकर)
मैं अभिवादन करता हूँ।

दोनों ऋषिकुमार : आपका कल्याण हो !

फल लाकर रखते हैं।

दुष्यंत : (प्रणाम करके और फल लेकर)
मैं आपके आने का प्रयोजन जानने को उत्सुक हूँ।

दोनों ऋषिकुमार : तपस्वियों को आपके यहाँ आने का पता है। वे आपसे कुछ निवेदन करना चाहते हैं।

दुष्यंत : क्या आज्ञा है उनकी ?

दोनों ऋषिकुमार : कुलपति कण्व के यहाँ न होने से इन दिनों राक्षस हमारे यज्ञ में विघ्न डाल रहे हैं। अतः प्रार्थना है कि सारथी के साथ कुछ दिन यहीं रहकर आश्रम की रक्षा करें।

दुष्यंत : मैं इस आदेश से अनुगृहीत हूँ।

विदूषक : (अलग से)
यह तो इन्होंने जैसे गले पर हाथ रखकर तुम्हारी मनोकामना पूरी कर दी।

दुष्यंत : (मुसकराकर)
रैवतक, मेरी ओर से सारथी को आदेश दो कि धनुष-बाण के साथ रथ लेकर उपस्थित हो।

रैवतक : (आकर)
जैसी देव की आज्ञा।

चला जाता है।

दोनों ऋषिकुमार : (हर्षपूर्वक)

अपने पूर्वजों की परंपरा में
तुम्हारा यह व्यवहार
संगत ही है
क्योंकि
जो विपत्ति में हों
उन्हें अभय दान देने में

पौरव

सदा से दीक्षित हैं।

दुष्यंत : (प्रणाम करके)

आप चलें। मैं बस पीछे-पीछे ही आ रहा हूँ।

दोनों ऋषिकुमार : तुम्हारी जय हो !

चले जाते हैं।

दुष्यंत : क्यों माधव्य, तुम्हें है उत्सुकता शकुंतला को देखने की ?

विदूषक : पहले तो इसमें कोई बाधा नहीं थी, पर अब राक्षसों की बात सुनकर बाधा आ पड़ी है।

दुष्यंत : डरो नहीं, तुम मेरे पास ही रहोगे।

विदूषक : अच्छा तो मैं तुम्हारे पहिए की रक्षा करूँगा, जब तक कि कोई आकर मुझे वहाँ से भगा नहीं देता।

दौवारिक : (आकर)

स्वामी की जय हो। स्वामी के विजय-प्रयाण के लिए रथ प्रस्तुत है। पर नगर से राजमाताओं का आदेश लेकर करभक आया है।

दुष्यंत : (आदरपूर्वक)

माताओं ने उसे आदेश देकर भेजा है ?

दौवारिक : हाँ, स्वामी !

दुष्यंत : तो उसे शीघ्र ले आओ।

दौवारिक : जैसी आज्ञा।

जाकर पुनः करभक के साथ आता है।

ये रहे स्वामी। आप पास जा सकते हैं।

करभक : (पास आकर और प्रणाम करके)

स्वामी की जय हो। माताओं की आज्ञा है कि...

दुष्यंत : क्या आज्ञा है ?

करभक : ...कि आज से चौथे दिन पुत्रपिंडपालन नामक उपवास होगा। उस दिन आयुष्मान् अवश्य वहाँ उपस्थित रहें जिससे उन्हें संतोष हो।

दुष्यंत : इधर तपस्वियों का आदेश है, उधर माताओं की आज्ञा।

उल्लंघन दोनों का ही नहीं किया जा सकता। तो ऐसे में क्या करना उचित होगा ?

विदूषक : त्रिशंकु की तरह बीच में लटके रहना !

दुष्यंत : सच, मन में व्याकुलता भर गई है।

दोनों कार्य
दो अलग-अलग स्थानों पर है,
इसलिए
मन उसी तरह बँट गया है,
जैसे
नदी का प्रवाह
सामने की चट्टान से टकराकर
दो भागों में बँट जाता है।

(सोचकर) मित्र माधव्य, माताएँ तुम्हें भी पुत्र की तरह मानती हैं, इसलिए मेरी जगह तुम लौटकर चले जाओ। माताओं से कह देना कि मुझे तपस्वियों के कार्य से यहाँ रुकना पड़ गया है। पुत्र के रूप में जो भी अनुष्ठान करना हो, वह तुम्हीं कर देना।

विदूषक : देखो, कहीं यह मत समझना कि मैं राक्षसों से डरता हूँ।

दुष्यंत : (मुसकराकर)

महाब्राह्मण, तुम्हारे बारे में ऐसा कोई सोच भी सकता है ?

विदूषक : जाना है, तो मैं राजा के छोटे भाई की तरह जाना चाहूँगा।

दुष्यंत : तपोवन के कार्य में बाधा न पड़े, इसलिए अपने पीछे आए सैनिकों को भी तुम्हारे साथ ही भेज रहा हूँ।

विदूषक : (गर्व के साथ)

तब तो हम अब युवराज हो गए !

दुष्यंत : (स्वगत)

यह ब्राह्मण है बहुत चंचल, कहीं वहाँ जाकर हमारे प्रणय की बात अंतःपुर में न कह दे। तो इसे इस तरह समझा

दूँ। (विदूषक का हाथ पकड़कर, प्रकट) देखो माधव्य, मैं ऋषियों के गौरव की रक्षा के लिए ही आश्रम में रुक रहा हूँ, उस तापस कन्या के लिए मेरे मन में तनिक भी अभिलाषा नहीं है।

कहाँ हम
और
कहाँ वह बाला
जो हरिणों के छौनों के साथ पली है !
वासना क्या है
इसका तो उसे
तनिक भी आभास नहीं।
वह तो
हँसी की बात थी मित्र,
जो मैंने तुमसे यूँ ही कही थी;
कहीं
तुम उसे
सच ही न मान लेना !

विदूषक : आप ऐसा कहते हैं, तो यही ठीक होगा !

दुष्यंत : तो माधव्य, तुम अपनी तैयारी में लगो, मैं तपोवन की रक्षा के लिए उस ओर जाता हूँ।

चले जाते हैं।

॥ दूसरा अंक ॥

अंक : तीन

[ऋषि कण्व का आश्रम]

कुशा हाथ में लिये कण्व के एक शिष्य का प्रवेश।

शिष्य : (सोचते हुए, विस्मय के साथ)
कितना प्रभाव है राजा दुष्यंत का ! सारथी के साथ उनके आश्रम में आते ही हमारे यज्ञ आदि की सभी बाधाएँ दूर हो गईं।

बाण खींचने की
तो बात ही अलग
एक हुंकार जैसे
उनके धनुष की डोरी के
शब्द से ही
बाधाएँ
अपने-आप
दूर हो जाती हैं।

तो वेदी पर बिछाने के लिए यह कुशा याजकों को दे आऊँ। (घूमकर और देखकर, आकाश की ओर) क्यों प्रियंवदा, यह खस का लेप और डंडियों सहित कमल की पत्तियाँ किसके लिए ले जा रही हो ? (सुनने का अभिनय करके) क्या कहा ? धूप खा जाने से शकुंतला का शरीर बहुत अस्वस्थ है, उसे ठंडक पहुँचाने के लिए ? हाँ, प्रियंवदा, बहुत यत्न से उसकी देखभाल करो, वह तो कुलपति कण्व के दूसरे प्राण की तरह है। मैं भी अभी आर्या गौतमी के हाथ उसके लिए यज्ञ का शांति जल भिजवाता हूँ।

चला जाता है।

विष्कम्भक

कामावस्था में राजा दुष्यंत का प्रवेश।

दुष्यंत : (निःश्वास छोड़कर, सोचता हुआ)

परिचित हूँ
तापस तेज की प्रचंडता से;
वह बाला पराधीन है,
यह भी जानता हूँ;
फिर भी
नीचे को बहते पानी-सा मन
उस दिशा से अब
लौटकर नहीं आता।

भगवन् कामदेव ! फूलों का धनुष और तीक्ष्णता ! (जैसे स्मरण हो आने से) हाँ, समझ में आ गया।

समुद्र के गर्भ में
बड़वानल की तरह
आज भी
शिव के क्रोध की ज्वाला
तुममें जल रही है;
अन्यथा
भस्म होने के बाद भी
काम,
तुम
मेरे-जैसों के लिए
इतने उत्तापकारी न होते।

इसके अतिरिक्त तुम और चंद्रमा मिलकर कामियों के विरुद्ध षड्यंत्र रचते हो, यद्यपि उन्हें तुम दोनों पर इतना भरोसा है।

तुम्हारे बाण फूलों के हैं,
और

चाँद की किरणें शीतल–
यह
मेरे-जैसे व्यक्ति के लिए सच नहीं।
चाँद
मुझ पर
किरणों से आग बरसाता है,
और तुम
अपने फूलों के बाण
वज्र-से कठोर बनाकर छोड़ते हो।

अथवा

प्रिय है मुझे
काम का दिया
यह अविरत मानसिक ताप
यदि
पहले वह
उसे लक्ष्य करने के बाद
फिर
मुझ पर प्रहार करता।

भगवन् काम ! मेरे इतना उलाहना देने पर भी तुम्हें मुझ पर दया नहीं आती।

अनंग,
शत-शत संकल्पों से
व्यर्थ ही
मैंने तुम्हारा
मन में इतना पोषण किया है !
बदले में
यही तो न सोहता है तुम्हें
कि
कान तक धनुष खींचकर
तुम

मुझी पर

अपने बाण बरसाओ।

(घूमकर, खेदपूर्वक) विघ्न समाप्त हो जाने से तपस्वियों ने यहाँ से जाने की अनुमति दे दी है। मन अशांत है, अब कहाँ चलकर इसे बहलाऊँ ? नहीं, अपनी प्रिया को देखे बिना मुझे शांति नहीं मिल सकती। तो उसी को खोजता हूँ। (ऊपर की ओर देखकर) चमकती धूप का यह समय शकुंतला प्रायः सखियों के साथ मालिनी तट के लताकुंजों में बिताती है। तो उसी ओर चलता हूँ। (घूमकर और देखकर) लगता है अभी-अभी वह कोमलांगी पौधों के बीच की इस पगडंडी से होकर गई है, क्योंकि–

उसके चुने फूलों के वृंत
अभी
खुले ही हैं,
और उसके तोड़े पत्तों की डंडियाँ
अभी तक
दूधिया बनी हैं।

(हवा के स्पर्श-सुख का अभिनय करके) ओह ! इस वनस्थली में कितनी अच्छी हवा चलती है !

मालिनी की
लहरों के कण अपने में लिये
और
कमलों की सुवास,
यह हवा ऐसी है
कि इसे
अपने कामना से तपे अंगों पर
खुलकर सहना
रुचिकर लगता है।

(देखकर) हाँ, यहीं बेंत के लतामंडप में शकुंतला को होना चाहिए, क्योंकि–

बाहर
पीली रेत पर
उसकी पदपंक्ति के
नए-नए निशान हैं,
जो
आगे से कम गहरे
और
पीछे से
जाँघों के भार के कारण
अधिक गहरे हैं।

तो पेड़ की ओट में रहकर देखता हूँ। (वैसा करके, हर्षपूर्वक) ओह ! आँखें जैसे सार्थक हो उठीं ! यह रही वह सामने फलों से ढँके शिलाखंड पर। सखियाँ इसकी परिचर्या कर रही हैं। तो यहीं लताओं के पीछे छिपा इनकी अंतरंग बातें सुनता हूँ।

देखता हुआ खड़ा रहता है
निर्दिष्ट रूप में सखियों के साथ
शकुंतला का प्रवेश।

अनसूया
प्रियंवदा : (हवा करती हुई)
क्यों शकुंतला, कमलिनी के पत्तों की हवा से कुछ सुख मिल रहा है ?

शकुंतला : (खेदपूर्वक)
तुम लोग मुझ पर हवा कर रही हो ?

अनसूया और प्रियंवदा विषादपूर्वक
एक-दूसरी की ओर देखती हैं।

दुष्यंत : लगता है बहुत अस्वस्थ है बेचारी ! (सोचते हुए) क्या धूप खा जाने से ऐसा हुआ है, या इसकी भी मेरे ही जैसी स्थिति है ? (अभिलाषा के साथ देखकर) नहीं, मुझे संदेह नहीं करना चाहिए।

स्तनों पर
खस का लेप,
और
ढीला मृणाल का वलय;
किंतु
इस संताप में भी
प्रिया के शरीर की कांति
मंद नहीं हुई।
चाहे
एक-सा होता है ताप
ग्रीष्म-ज्वर
और काम-ज्वर का,
फिर भी
ग्रीष्म-ज्वर का ताप
युवतियों को
इस तरह
रमणीय नहीं बना देता।

प्रियंवदा : (अलग से)
लगता है अनसूया, कि उस राजर्षि को पहली बार देखने के समय से ही शकुंतला का मन अव्यवस्थित है, इसमें और किसी तरह की आशंका की बात नहीं।

अनसूया : मुझे भी ऐसा ही आभास होता है। तो इसी से क्यों न पूछ लूँ ? (प्रकट) तुझसे कुछ पूछना है, शकुंतला ! लगता है तू शरीर में बहुत ताप अनुभव कर रही है ?

दुष्यंत : हाँ, ऐसा ही तो लग रहा है।
चाँद की किरणों से उज्ज्वल
मृणाल के वलय
धुआँरे पड़कर
टूट गए हैं,
और

शरीर के
अतिशय ताप का
परिचय देते हैं।

शकुंतला : (शरीर का ऊपरी भाग शय्या से उठाकर) हाँ, पर तू और क्या पूछना चाहती है ?

अनसूया : देख, तेरे मन की बात तो हम नहीं जानतीं। परंतु ऐतिहासिक कथा-काव्यों से कामियों की अवस्था के विषय में जैसा कुछ जाना-सुना है, वैसी ही तेरी अवस्था जान पड़ती है। तो बता, तेरे इस कष्ट का वास्तविक कारण क्या है ? जब तक रोग का ही ठीक से पता न चले, तब तक तो निदान आरंभ भी नहीं किया जा सकता।

दुष्यंत : अनसूया ने जैसे मेरे ही मन का तर्क ले लिया है।

शकुंतला : कष्ट बहुत है, मैं तुम्हें सहसा न बता सकूँगी।

प्रियंवदा : अनसूया ठीक कह रही है। क्यों तू अपनी पीड़ा को इस तरह छिपाए हुए है ? प्रतिदिन तू पहले से दुबली होती जा रही है। केवल लावण्य की छाया ही तेरे अंगों को नहीं छोड़ रही।

दुष्यंत : ठीक कहा है प्रियंवदा ने।

कपोल
कांतिहीन हो गए हैं,
और
स्तनों में
वह पहली-सी उठान नहीं रही;
कटि
और भी क्षीण हो गई है,
कंधे
ढीले पड़ गए हैं,
और
रंग में

पीलापन घिर आया है।
काम के विकार से
यह बाला
संताप सहती हुई भी,
पहले से सुंदर हो उठी है।
एक माधवीलता है यह
जिसके पत्ते
लू लगने से
कुम्हला गए हैं।

शकुंतला : (निःश्वास छोड़कर)
तुमसे नहीं, तो और किससे कहूँगी ? परंतु मेरे कारण तुम लोगों को व्यर्थ ही दुःख होगा।

अनसूया
प्रियंवदा : इसीलिए तो आग्रह कर रही हैं। अपने लोगों से दुःख बाँट लिया जाए, तो उसे सहना उतना कठिन नहीं रहता।

दुष्यंत : सुख-दुःख की सहचरियों के पूछने पर
उनसे यह
मन की बात कहेगी अवश्य,
किंतु
उस दिन
इसके बार-बार घूमकर देखने पर भी,
इस समय कान
इसका उत्तर सुनने को
कितने उत्कंठित हैं !

शकुंतला : जब से तपोवन के रक्षक उस राजर्षि पर दृष्टि पड़ी है...

आधी बात कहकर लजा जाती है।

अनसूया
प्रियंवदा : हाँ, हाँ, कहती रह।

शकुंतला : तभी से उसे पाने की आकांक्षा से मेरी यह अवस्था हो रही है।

अनसूया
प्रियंवदा : अनुरूप वर के लिए ही तेरे मन में कामना जागी है। एक महानदी सागर को छोड़कर और कहाँ आश्रय ढूँढ़ सकती है ?

दुष्यंत : (हर्षपूर्वक)
जो सुनना चाहा था वही सुनने को मिल गया।

गरमी से तपता दिन
स्वयं ही
विश्व के लिए
बादलों की छाया ले आता है;
जिस काम ने मुझे इतना तपाया है,
वही इस समय
मुझे
शांति भी दे रहा है।

शकुंतला : उस राजर्षि की अनुकंपा पाने के लिए, जैसे तुम लोग परामर्श दोगी वैसे ही मैं करूँगी। अन्यथा, बस मुझे याद ही कर लिया करना।

दुष्यंत : इसके यह कहने से अब तनिक भी संदेह नहीं रहा। काम व्यक्ति को यहीं तक तो ला सकता है, इससे आगे सबकुछ प्रयत्न पर निर्भर है। इस समय इसे इस अवस्था में देखकर भी मुझे सुख मिल रहा है।

प्रियंवदा : (अलग से)
इसकी कामना बहुत दूर तक बढ़ चुकी है। यह अब और तनिक भी विलंब सहन नहीं कर सकती।

अनसूया : पर ऐसा क्या उपाय करें जिससे किसी को पता भी न चले, और तुरंत इसकी कामना पूर्ति भी हो सके ?

प्रियंवदा : किसी को पता न चले, यही बात सोचने की है। तुरंत पूर्ति में कोई बाधा नहीं है।

अनसूया : यह कैसे कहती है तू ?

प्रियंवदा : उस दिन उस राजर्षि की आँखों में तूने उसकी कामना का भाव नहीं देखा था ? आजकल वह जिस तरह दुबला रहा है, उससे लगता है कि उसे भी इन दिनों नींद नहीं आती।

दुष्यंत : (अपने को देखकर)
हाँ, ठीक ही तो है।

रात-रात
आँखें
मानसिक ताप के गरम आँसुओं से
भीगी रहती हैं,
और
उन पर रखे हाथ में पहन
सोने का कंगन,
मैला और बदरंग होकर,
बार-बार
नीचे को वहाँ गिरा आता
जहाँ
धनुष की कसी डोरी खींचने का निशान,
मणिबंध से ढँका है;
और तब
उस गिरते कंगन को
बार-बार
वहाँ से
ऊपर ले जाना पड़ता है।

प्रियंवदा : (सोचती हुई)
मेरे विचार में इससे एक प्रणय-पत्र लिखवाना चाहिए। मैं उसे फूलों में छिपाकर देवपूजा के बहाने राजा के हाथ में दे आऊँगी।

अनसूया : हाँ, मुझे भी यह कोमल उपाय अच्छा लग रहा है।

शकुंतला से पूछ, यह क्या कहती है।

शकुंतला : तुम लोगों की बात पर मैं आपत्ति करूँगी ?

प्रियंवदा : तो अपनी अवस्था का निरूपण करते हुए सुंदर पदावली की एक अच्छी-सी गीतिका सोच डाल।

शकुंतला : सोचती हूँ। परंतु हृदय काँपता है। कहीं वह मेरा तिरस्कार कर दे, तो ?

दुष्यंत : (हँसकर)

भीरु
तेरे समागम के लिए उत्कंठित
वह व्यक्ति
यहीं खड़ा है
जिससे तुझे तिरस्कार की आशंका है।
याचक को
लक्ष्मी मिले न मिले
परंतु
लक्ष्मी जिसे चाहे
वह
लक्ष्मी को न मिले,
ऐसा कभी संभव है ?
और
हाथी के बच्चे की सूँड-सी जाँघोंवाली
सुंदरी
जिससे तुझे आशंका है
कि वह कहीं तेरे प्रणय को
अस्वीकार न कर दे,
वह व्यक्ति,
प्रणय के लिए उत्सुक,
यहीं खड़ा है।
रत्न
पारखी को नहीं खोजता,

पारखी ही
रत्न की खोज में जाता है।

अनसूया
प्रियंवदा : तू चाहे अपने गुणों को छोटा करके देख पर संताप मिटानेवाली शरत् की चाँदनी को कौन छत्र लेकर अपने से दूर रखना चाहेगा ?

शकुंतला : (मुसकराकर)
तो ठीक है, मैं ऐसा ही करती हूँ।

दुष्यंत : कितनी अच्छी जगह खड़ा होकर मैं अपलक आँखों से इसे देख पा रहा हूँ।

इसकी आँखें
पद-रचना में लीन हैं
और
एक भौंह ऊपर को उठी है।
ऐसे में भी
कपोल का रोमांच
मेरे प्रति इसकी भावना का
परिचय दे रहा है।

शकुंतला : देखो, एक गीतिका मैंने सोच ली है। परंतु लिखने की सामग्री तो यहाँ है ही नहीं।

प्रियंवदा : यह कमलिनी का पत्ता है न—तोते के पेट की तरह कोमल। इसी पर अपने नखों से एक-एक अक्षर बनाकर लिख डाल।

शकुंतला : (तदनुसार लिखने का अभिनय करके)
लो, सुनो। देखो ठीक बन पड़ी है या नहीं।

अनसूया
प्रियंवदा : हम सुन रही हैं।

शकुंतला : (पढ़कर सुनाती हुई)

तेरे हृदय की बात
मैं नहीं जानती,

निष्ठुर,
किंतु मेरे हृदय को
रात-दिन
काम की ज्वाला
बुरी तरह
तपाती है।
मेरे अंगों के
हर मनोरथ की पूर्ति
अब तेरे,
केवल तेरे
हाथ में है।

दुष्यंत : यही अवसर है इसके सामने आने का। (सहसा सामने आकर)

कोमलांगि,
बुझे काम की ज्वाला
केवल तपाती है
किंतु मुझे वह
सर्वथा
जलाए देती है।
चढ़ता दिन
चाँद को जिस तरह गलाता है,
उस तरह
कमलिनी को नहीं जला पाता।

अनसूया
प्रियंवदा : (राजा को देखकर प्रसन्नता से उठती हुईं)
ओह ! तत्काल और मनचाहा फल लानेवाले मनोरथ हैं आप ! स्वागत है आपका।

शकुंतला उठने का प्रयत्न करती है।

दुष्यंत : नहीं, नहीं, यह कष्ट मत करो।
बहुत ताप है तुम्हारे अंगों में

जिससे
ये फूल कुम्हला गए हैं
और
मृणाल के वलय मसलकर टूट गए हैं।
नहीं, उठो नहीं,
तुम्हारे ये अंग
इस समय
उपचार का पालन नहीं कर सकते।

शकुंतला : (कुछ अव्यवस्थित भाव से, स्वगत)
क्या हुआ है हृदय, तब तो तू इतना व्याकुल था, और अब तुझसे कुछ भी नहीं कहा जा रहा ?

अनसूया : आप यहाँ विशालखंड के सिरे पर बैठ जाएँ।

शकुंतला थोड़ा सरक जाती है।

दुष्यंत : (बैठकर)
आपकी सखी को शरीर के ताप से बहुत कष्ट तो नहीं ?

प्रियंवदा : (मुसकराकर)
अब औषधि मिल गई है, शांत हो जाएगा।

शकुंतला लजा जाती है।

देखिए, यह तो स्पष्ट है कि आप दोनों के मन में एक-दूसरे के लिए अनुराग है। फिर भी इसके प्रति स्नेह मुझे दोहराकर कहने के लिए विवश कर रहा है।

दुष्यंत : बात को आप रोकें नहीं, मुँह पर आई बात कही न जाय, तो उससे दुःख ही होता है।

प्रियंवदा : तो सुनें...

दुष्यंत : मैं ध्यान से सुन रहा हूँ।

प्रियंवदा : धर्म वही है न कि राजा को आश्रमवासियों का संताप दूर करना चाहिए ?

दुष्यंत : बताएँ, मुझसे क्या चाहती हैं ?

प्रियंवदा : आपके प्रति अनुराग के कारण ही इसकी यह दशा हुई है, इसलिए इसके प्राण आपकी कृपा पर ही निर्भर हैं।

दुष्यंत : परंतु यह अनुराग तो दोनों ओर से है। फिर भी यह सुनकर मैं अनुगृहीत हूँ।

शकुंतला : (अनसूया की ओर देखकर)
देखो, राजर्षि अपने अंतःपुर के विरह से व्याकुल होंगे, तुम इस तरह इन्हें रोकने की चेष्टा मत करो।

दुष्यंत :
केवल तुम्हीं
मेरे हृदय में हो,
अब
और किसी के लिए
यहाँ स्थान नहीं;
मतवाले खंजन की-सी आँखोंवाली
सुंदरी !
तुम यदि कुछ और सोचती हो,
तो काम के बाणों से आहत मैं / अब
और भी आहत हूँ।

अनसूया : सुना है राजाओं के बहुत-बहुत प्रणय होते हैं। इसलिए ऐसा कुछ न हो जिससे इसके बंधुओं को बाद में इसके लिए चिंतित होना पड़े।

दुष्यंत : अब अधिक क्या कहूँ ?
बहुत-सी पत्नियों के रहते भी
मेरे कुल की
दो ही प्रतिष्ठाएँ होंगी,
एक
समुद्र से घिरी पृथ्वी,
और दूसरी,
आपकी यह सखी।

अनसूया
प्रियंवदा : यह सुनकर हम निश्चिंत हुईं।

शकुंतला के मुख पर प्रसन्नता की रेखाएँ दिखाई देती हैं।

प्रियंवदा : (अलग से)

देख अनसूया, जैसे गरमी में बरसाती हवा का स्पर्श पाकर मोरनी के प्राण धीरे-धीरे लौटने लगते हैं, कुछ वैसी ही स्थिति शकुंतला की हो रही है।

शकुंतला : देखो, तुम लोग राजा से क्षमा माँगो। हम शिष्टाचार को भूलकर खुले मुँह इनके पीछे जाने क्या-क्या बकती रही हैं।

अनसूया

प्रियंवदा : (मुसकराकर)

जिसने ऐसा कुछ कहा है, वही क्षमा माँगे, किसी और को क्या पड़ी है !

शकुंतला : अपराध क्षमा करें। पीठ पीछे कौन क्या नहीं कहता ?

दुष्यंत : (मुसकराकर)

कदली-सी जाँघोंवाली
सुंदरी,
क्षमा कर सकता हूँ
यह अपराध
यदि तुम
यहाँ
अपने अंगों से मसले फूलों के आस्तरण पर,
अपना मानकर,
मुझे
थोड़ा-सा स्थान दे दो,
और मुझे
मन का संताप
मिटा लेने दो।

प्रियंवदा : (परिहास के स्वर में)

बस इतने से ही संतुष्ट हो जाइएगा ?

शकुंतला : (जैसे क्रोध से)

ठहर, ठहर, लाज तो तुझे जैसे छू नहीं गई। मेरी यह

अवस्था है और तुझे फिर भी हँसी सूझ रही है !

अनसूया : (बाहर की ओर देखकर)
देख प्रियंवदा...वह बेचारा हरिण शावक इधर-उधर आँखें घुमाता अपनी खोई हुई माँ को ढूँढ़ रहा है। चलकर मैं उसे उसकी माँ से मिला दूँ।

प्रियंवदा : बहुत चंचल है यह शावक ! तुझ अकेली से यह सँभलेगा नहीं। मैं भी साथ चलकर तेरी सहायता करती हूँ।

दोनों उठकर चल देती हैं।

शकुंतला : मैं तुम दोनों को यहाँ से नहीं जाने दूँगी। देखती नहीं मैं अकेली हूँ यहाँ ?

अनसूया
प्रियंवदा : राजा तेरे पास हैं, फिर तू अकेली किस तरह है ?

चली जाती हैं।

शकुंतला : अरे, ये तो सचमुच चली गईं !

दुष्यंत : घबराओ नहीं। उनके स्थान पर तुम्हारा यह सेवक यहाँ उपस्थित है। बताओ–

क्या करूँ ?
कमल के भीगे पत्ते से
तुम्हें हवा करूँ,
जिससे
नन्ही-नन्ही बूँदें बिखरें
और तुम्हारा संताप दूर हो ?
या
लाल कमल-से दोनों पैर
गोदी में लेकर
धीरे-धीरे दबाऊँ
जिससे
तुम्हें कुछ सुख मिल सके ?

शकुंतला : न, एक सम्माननीय व्यक्ति को ऐसे काम में लगाकर मैं

अपराधिनी नहीं बनूँगी।

उस अवस्था में जैसा बन पड़ता है, उठकर जाना चाहती है।

दुष्यंत : (उसे रोककर)

न-न, दिन अभी ढला नहीं, और तुम्हारे शरीर की ऐसी अवस्था है।

फूलों की शय्या छोड़कर,
कमलिनी के पत्तों से स्तनों को ढँके
धूप में निकलकर
कैसे जाओगी तुम,
जबकि तुम्हारे कोमल अंग
पहले ही
पीड़ा से इतने क्लांत हैं ?

बलपूर्वक उसे रोकता है।

शकुंतला : छोड़ो, छोड़ो मुझे ! मैं अपने अधीन नहीं हूँ। सखियों के अतिरिक्त मेरा कोई सहारा भी नहीं है। मैं अब अकेली यहाँ नहीं ठहर सकती।

दुष्यंत : ओह ! लज्जित कर दिया तुमने मुझे।

शकुंतला : मैं आपसे कुछ नहीं कह रही, केवल अपने भाग्य को कोस रही हूँ।

दुष्यंत : भाग्य ने ऐसा अवसर दिया है, फिर उसे क्यों कोस रही हो।

शकुंतला : कोसूँ कैसे न, जो उसने मुझे अपने पर अधिकार न देकर भी किसी के गुणों पर अनुरक्त कर दिया है ?

दुष्यंत : (स्वगत)

मन में चाहे
कितनी उत्कंठा हो
फिर भी
पुरुष के चाहने पर
उसे मना ही करती रहेंगी;

समागम के सुख की
चाहे कितनी अभिलाषा हो,
फिर भी
आत्मसमर्पण में
आनाकानी ही करेंगी।
लगता है
कि समय पाकर
कामदेव ही इन्हें पीड़ा नहीं देता
व्यर्थ समय नष्ट करके
ये कुमारियाँ भी
कामदेव को उतना ही सताती हैं।

शकुंतला फिर जाने लगती है।

दुष्यंत : तो मैं ही अपने मन की क्यों न करूँ ?

बढ़कर उसके वस्त्र का सिरा पकड़ लेता है।

शकुंतला : देखो पौरव, इस तरह मर्यादा का उल्लंघन मत करो। आसपास ऋषि लोग आ-जा रहे होंगे।

दुष्यंत : अपने गुरुजनों की ओर से कोई आशंका मत करो। आचार्य कण्व को धर्म का ज्ञान है, उन्हें तुम्हारे किसी आचरण से दुःख नहीं होगा।

सुना जाता है
कि बहुत-बहुत ऋषि-कन्याओं ने
पहले भी
गांधर्व विधि से विवाह किया है; और
बड़ों ने
सदा उसका
समर्थन ही किया है।

(आसपास देखकर) अरे, मैं तो बाहर प्रकाश में आ गया !

शकुंतला को छोड़कर उन्हीं पैरों लौट जाता है।

शकुंतला : (एक पैर आगे रखते ही लौटकर विशेष भंगिमा के साथ) मैं तुम्हारी इच्छा पूरी नहीं कर सकी, पौरब, और परिचय केवल बातचीत तक का ही है। फिर भी इस व्यक्ति को भूल मत जाना।

दुष्यंत : सुंदरी !

तुम
दूर जाकर भी
मेरे हृदय से दूर नहीं हो सकतीं।
दिन ढलने पर
पेड़ से परे जाती छाया
पेड़ के मूल से
अलग नहीं होती।

शकुंतला : (कुछ दूर जाकर, स्वगत)
यह बात सुनने के बाद तो मेरे पैर आगे बढ़ ही नहीं रहे। तो यहीं पास के कुरुबक वृक्षों की ओट में खड़ी होकर इसकी प्रतिक्रिया देखती हूँ।

दुष्यंत : ओह ! मुझसे उदासीन होकर तुम जा कैसे सकी जबकि तुम्हारा अनुराग ही मेरे जीवन का एकमात्र आधार है ?

शकुंतला : यह सुनकर तो जाने की सामर्थ्य बिलकुल ही नहीं रही।

दुष्यंत : उसके चले जाने से लता-मंडप सूना-सा लगने लगा। अब मैं यहाँ रुककर क्या करूँगा ? (आगे देखकर) ओह ! पर जाऊँ भी कैसे ?

सामने पड़ा है
उसकी कलाई से गिरा
यह मृणाल-वलय
जिसमें
उसके शरीर के खस लेप की
गंध समाई है।
यह वलय नहीं,
एक अर्गला है

जो उसने जाते हुए
मेरे हृदय पर लगा दी है।

भावना के साथ उसे उठा लेता है।

शकुंतला : (अपने हाथ की ओर देखकर)
ओह ! दुबलेपन के कारण यह मृणाल-वलय नीचे जा गिरा और मुझे पता तक नहीं चला।

दुष्यंत : (मृणाल-वलय को वक्ष से लगकर)

तेरी कोमल बाँह से गिरा
यह मृणाल-वलय
अचेतन होते हुए भी
इस दुःखी वक्ष से लगकर
इसे
जो आश्वासन दे रहा है
वही आश्वासन
इसने तुझसे चाहा था,
पर
तूने नहीं दिया।

शकुंतला : और देर करने की सामर्थ्य मुझमें नहीं। अब इसी बहाने सामने पहुँच जाती हूँ।

दुष्यंत : (उसे देखकर प्रसन्नतापूर्वक)
तो मेरे प्राणों की अधिकारिणी लौट आई ? इतना दुःख देने के बाद भाग्य ने कृपा की, यह उसका उपकार ही है।

प्यास से सूखे गले से
पक्षी ने
'पानी' कहा,
और तभी
नए बादल से बरसी
एक बूँद
सहसा

उसके मुँह में आ पड़ी।

शकुंतला : (राजा के पास आकर)
देखिए, आधे रास्ते में मुझे ध्यान आया कि मेरा मृणाल-वलय यहीं गिर गया है। इसे लेने के लिए ही मुझे लौटकर आना पड़ा। मेरा हृदय कह रहा था कि आपने इसे उठा लिया होगा। इसे तुरंत मुझे लौटा दें। ऐसा न हो कि मुनियों में से किसी की दृष्टि हम पर पड़ जाय।

दुष्यंत : एक शर्त पर लौटा सकता हूँ।

शकुंतला : क्या शर्त होगी ?

दुष्यंत : कि मैं ही इसे इसके स्थान पर बाँधूँगा।

शकुंतला : ओह ! अब और उपाय ही क्या है ? जैसी आपकी इच्छा हो, वैसा करें।

पास आ जाती है।

दुष्यंत : शिलाखंड के इस भाग पर बैठ जाएँ।

दोनों घूमकर बैठ जाते हैं।

दुष्यंत : (शकुंतला का हाथ अपने हाथ में लेकर)
यह स्पर्श !

शिव के
क्रोध की ज्वाला से जले
काम-वृक्ष का
क्या यह नन्हा-सा अंकुर है,
जिसे
अमृत की वर्षा से
दैव ने
फिर से उगा दिया है ?

शकुंतला : (स्पर्श से रोमांचित होकर)
शीघ्रता करें, आर्यपुत्र !

दुष्यंत : (हर्षपूर्वक, स्वगत)
अब हृदय को पूरा विश्वास हुआ। इस तरह तो केवल पति को ही संबोधित किया जाता है। (प्रकट) देखो, इस

वलय की गाँठ ठीक नहीं है। कहो तो मैं दूसरी तरह से इसकी गाँठ लगा दूँ।

शकुंतला : (मुसकराकर)
आपको जैसा ठीक लगे।

दुष्यंत : (बहाने से समय लेते हुए)
देखो—

वलय नहीं, यह
दूज का चंद्रमा है,
जो
विशेष शोभा के लिए
आकाश छोड़ आया है,
और इस मृणाल के रूप में
तुम्हारी
श्यामलता-सी सुंदर
कलाई में बँधकर
दोनों ओर से
जुड़ जाना चाहता है।

शकुंतला : मैं ठीक से देख नहीं पा रही। हवा में उड़कर कर्णफूलों का पराग आँखों में पड़ गया है जिससे आँखें धुँधला गई हैं।

दुष्यंत : (मुसकराकर)
अनुमति दो तो मैं फूँक मारकर इसे निकाल दूँ ?

शकुंतला : बड़ी कृपा होगी। परंतु...मुझे आपका विश्वास नहीं है।

दुष्यंत : नहीं, ऐसा कुछ नहीं होगा। नया-नया सेवक स्वामी के आदेशों से आगे जाकर अपनी ओर से कुछ नहीं करता !

शकुंतला : यह अत्यधिक आदर ही तो अविश्वास का कारण है।

दुष्यंत : (स्वगत)
मुझे जो यह सेवा का इतना सुंदर अवसर मिला है, इसे मैं ऐसे ही नहीं जाने दूँगा।

शकुंतला उसे रोकने का अभिनय करती चुप रहती है।

दुष्यंत : खंजन-सी आँखोंवाली सुंदरी, डरो नहीं, हम कोई धृष्टता नहीं करेंगे।

शकुंतला एक बार हल्के से आँखें
उठाकर फिर लज्जा से सिर
झुकाए बैठी रहती है।

दुष्यंत : (अंगुलियों से उसका मुँह ऊँचा उठाकर, स्वगत)

यह कोमल अधर
जिसने आज तक
किसी तरह का
दंश नहीं जाना
अब
हल्के-हल्के काँपकर
जैसे
मुझ प्यासे को
रसपान की अनुमति दे रहा है।

शकुंतला : लगता है आर्यपुत्र को ठीक से पता नहीं चल रहा।

दुष्यंत : हाँ, आँखें कर्णफूलों के बहुत पास-ले जाने से पराग के कारण ठीक से देख नहीं पा रहीं।

शकुंतला : रहने दें, मुझे अब ठीक दिखाई दे रहा है। आपके इस उपकार का बदला नहीं चुका सकी, इसके लिए लज्जित हूँ।

दुष्यंत : मैं और क्या कहूँ ?

तुम्हारा उपकार
इतना ही है
कि तुमने मुझे
अपना मुँह सूँघ लेने दिया।
भौरे को संतोष
केवल
कमल की सुगंधि पाकर ही
हो जाता है।

शकुंतला : (मुसकराकर)
और यदि संतोष न हो, तो वह क्या करता है ?

दुष्यंत : तो यह करता है।

उसे चूमने लगता है, परंतु शकुंतला अपना मुँह छिपा लेती है।

नेपथ्य से : ऐ चकवी, अब अपने सहचर को बुला ले, रात उतर रही है।

शकुंतला : (सुनकर, घबराई-सी)
आर्यपुत्र, लगता है तात कण्व की धर्म-बहन आर्या गौतमी आ रही हैं। मेरी अस्वस्थता का समाचार पाकर वे पता करने आई होंगी। आप यहाँ पेड़ के पीछे छिप रहें।

दुष्यंत : हाँ, यही ठीक होगा।

अकेला एक ओर खड़ा हो जाता है। हाथ में एक पात्र लिये गौतमी आती है।

गौतमी : क्या हुआ है, बेटी ? सुना है शरीर कुछ ठीक नहीं है ? मैं यह जल लाई हूँ जिससे देवताओं की तुझ पर कृपा रहे।

शकुंतला : अनसूया और प्रियंवदा अभी-अभी मालिनी तट की ओर गई हैं।

गौतमी : (शांतिजल शकुंतला पर छिड़ककर)
चिरकाल तक जीती रह बेटी और सदा स्वस्थ रह। जल से शरीर का ताप कुछ कम हुआ है ?

शकुंतला : बहुत कम हो गया है।

गौतमी : दिन ढल रहा है। चल अब पर्णशाला में लौट चलें।

शकुंतला : (किसी तरह उठकर स्वगत)
हृदय, पहले कामना-पूर्ति का अवसर मिलने पर तो तूने समय यूँ ही गँवा दिया, अब सह इस दुःख को। (एकाध पग चलते ही लौटकर प्रकट) लता-मंडप, तू ही मेरा

संताप दूर करनेवाली है ! याचना है कि फिर भी तेरा उपभोग कर सकूँ, इसका अवसर देना।

गौतमी और शकुंतला चली जाती हैं।

दुष्यंत : (पहले के स्थान पर आकर, निःश्वास के साथ) कामना-पूर्ति में कितनी बाधाएँ आ पड़ती हैं !

बार-बार
अधर को ढाँपतीं
उसकी अंगुलियाँ,
घबराहट के कारण
पहले से और सुंदर हुए मुँह से
निकलती 'ना',
और
झुकी-झुकी-सी
उसकी घनी पलकें;–
मैंने
कंधे में छिपते उसके मुँह को
किसी तरह
उठा तो लिया
पर भाग्य
कि फिर भी चूम नहीं पाया।

अब कहाँ चलना चाहिए ? या कुछ देर अभी लता-मंडप में ही रुका रहूँ क्योंकि यहीं विश्राम करके वह गई है।

शिलाखंड पर बिखरे
फूलों की सेज–
उसके शरीर से मसली हुई;
कमलिनी के पत्ते पर
उसके नाखूनों से लिखा
प्रणय-लेख;
और उसके हाथ से गिरा

मृणाल-वलय;–
आँखें
इस पर से हटाए हटती नहीं...
बेंत का यह लता-मंडप
चाहे अब सूना है,
फिर भी
यहाँ से अभी
निकलकर जाते नहीं बनता।

(सोचता हुआ) अच्छा किया मैंने जो उसे पास पाकर भी समय यूँ ही गँवा दिया ! और अब–

बाधा आ पड़ने से दुःखी
यह मूढ़ मन
सोचता है
कि इसके बाद
यदि फिर कभी
एकांत में
उससे मिलने का अवसर प्राप्त होगा,
तो यह समय व्यर्थ नहीं गँवाएगा
क्योंकि
उपभोग के ऐसे अवसर
सुलभ नहीं होते।
मूढ़
अब यह सोचता है,
पर उसके सामने
इसके सोच-विचार को
जाने क्या हो गया था ?

नेपथ्य से : सुनो, राजा, सुनो !

संध्याकालीन
यज्ञ का आरंभ होते ही
आग की वेदी को

साँझ के बादलों जैसी पीली
राक्षसों की डरावनी छायाओं ने
चारों ओर से
घेर लिया है।

दुष्यंत : (सुनकर ओजपूर्ण स्वर में)
डरो नहीं तपस्वियो ! मैं बस आ ही रहा हूँ।

चला जाता है।

॥ तीसरा अंक ॥

अंक : चार

[ऋषि कण्व का आश्रम]

फूल चुनने का अभिनय करती अनसूया और प्रियंवदा का प्रवेश।

अनसूया : एक बात कहूँ प्रियंवदा ? गांधर्व विवाह करके शकुंतला ने चाहे अपने अनुरूप पति पा लिया है, फिर भी मेरा मन निश्चिंत नहीं है।

प्रियंवदा : क्यों ?

अनसूया : यज्ञ समाप्त हो जाने से ऋषियों ने आज राजा को यहाँ से लौट जाने दिया है। अब नगर में जाकर अपने अंतःपुर की स्त्रियों से मिलने के बाद जाने उसे इसकी याद आती है या नहीं।

प्रियंवदा : इसका तू विश्वास रख। ऐसी विशेष आकृति के लोग गुणहीन नहीं होते। हाँ, सोचने की बात तो यह है कि तीर्थ-यात्रा से लौटकर जब तात कण्व इस बात को जानेंगे, तो उनकी क्या प्रतिक्रिया होगी।

अनसूया : तू मुझसे पूछे, तो मैं कहूँगी कि वे इसका समर्थन ही करेंगे।

प्रियंवदा : यह तू कैसे कहती है ?

अनसूया : बड़ों का पहला दायित्व यही तो होता है कि लड़की किसी अनुरूप वर को सौंपी जाय ! यह कार्य यदि दैव की ओर से हो जाए, तो उनके लिए तो संतोष की ही बात है।

प्रियंवदा : तू ठीक कहती है। (फूलों की टोकरी में देखकर) मैं समझती हूँ, पूजा के लिए इतने फूल काफी होंगे।

अनसूया : अभी थोड़े और चुन लें—शकुंतला को भी तो अपने सौभाग्य-देवता की आराधना करनी है।

प्रियंवदा : ठीक है।

फिर फूल चुनने का अभिनय करती है।

नेपथ्य से : सुनो, यह मैं यहाँ हूँ।

अनसूया : (सुनकर)
लगता है ये किसी अतिथि के शब्द हैं।

प्रियंवदा : वहाँ पर्णशाला में शकुंतला है न !

अनसूया : है तो, पर आज उसका मन उसके पास नहीं है। अब रहने दे, इतने ही फूलों से काम चल जाएगा।

चल देती हैं।

नेपथ्य से : आह ! मैं अतिथि हूँ और तू इस तरह मेरा अनादर कर रही है ?

जिसके ध्यान में डूबी
तू,
सामने आए
मुझ तपस्वी को भी
नहीं देख पा रही,
वह,
याद दिलाने पर भी
तुझे उसी तरह भूला रहेगा,
जैसे एक पागल
अपनी पहले कही बात को
भूल जाता है !

प्रियंवदा : ओह ! वही हुआ जिसकी आशंका थी। सूना मन लिये पड़ी रहने के कारण शकुंतला से किसी आदरणीय व्यक्ति के प्रति अपराध हो गया है।

अनसूया : (सामने की ओर देखकर)
जिस किसी के प्रति नहीं, महर्षि दुर्वासा के प्रति जो कि जीता ही क्रोध में है। अब शाप देकर पैर पटकता वह जल्दी से लौटा जा रहा है।

प्रियंवदा : जलाने की शक्ति आग को छोड़कर और किसमें होगी ? तू जा, पैर पकड़कर उसे लौटा ला। तब तक मैं इसके लिए अर्घ्य और जल की व्यवस्था करती हूँ।

अनसूया : मैं जा रही हूँ।

चली जाती है।

प्रियंवदा : (चलते हुए फिसलने का अभिनय करके)
ओह ! घबराहट में पाँव फिसल जाने से फूलों की टोकरी हाथ से गिर गई।

अनसूया : (आकर)
वह, क्रोध का अवतार, किसी की बात वह सुनता है ? फिर भी थोड़ा-सा मैंने उसे पिघला लिया है।

प्रियंवदा : उससे इतना ही बहुत है। हाँ, बता कैसे तूने उसे पिघलाया है ?

अनसूया : जब वह किसी भी तरह लौटने को तैयार नहीं हुआ, तो मैंने पैरों पर गिरकर कहा कि आपके तप का प्रभाव वह बेचारी नहीं जानती, इसलिए बेटी समझकर उसका यह पहला अपराध क्षमा कर दें।

प्रियंवदा : फिर ?

अनसूया : बोला कि मेरी कही बात तो अब लौट नहीं सकती। हाँ, यदि स्मारक के रूप में दिया उसका कोई आभरण यह उसे दिखा देगी, तो इसके सिर से शाप की छाया उतर जाएगी। बस यह कहते ही तुरंत चलता हुआ।

प्रियंवदा : तब तो आश्वासन रखा जा सकता है। जाते हुए उस राजर्षि ने स्वयं ही अपने नाम की अँगूठी स्मारक के रूप में शकुंतला के हाथ में दी थी। इसलिए शाप उतरने का उपाय तो अपने पास है ही।

अनसूया : तो चल, उसकी देवपूजा तो पूरा करा दें।

घूमती हैं।

प्रियंवदा : (देखकर)
अनसूया देख, शकुंतला कैसे बाएँ हाथ पर ठोड़ी रखे चित्रलिखित-सी बैठी है। जिस तरह यह राजा की याद में डूबी है, उससे इसे अपना ही ध्यान नहीं है, अतिथि की तो बात ही क्या ?

अनसूया : सुन, यह बात हम दोनों के बीच ही रहनी चाहिए। शकुंतला का हृदय कोमल है, वह इस जानकारी से बची ही रहे, तो अच्छा है।

प्रियंवदा : नवमालिका के पौधे को गरम पानी से भी कोई सींचता है ?

विष्कम्भक

सोकर उठे कण्व-शिष्य का प्रवेश।

शिष्य : प्रवास से लौटे आचार्य कण्व ने मुझे समय का निश्चय करने का आदेश दिया है। तो खुले में निकलकर देखूँ कि रात कितनी शेष है। (घूमकर और देखकर) अरे ! रात तो प्रभात में घुल-मिल गई।

एक ओर
वनस्पतियों का प्राण
चाँद
अस्त होने को है,
और दूसरी ओर
अरुण के रथ पर आते
सूर्य का
आविर्भाव होने को है।
एक ज्योति का क्षय,
और दूसरी का उदय–
यही एक नियम है
जिससे
जीवन की परिस्थितियाँ
बनती और बदलती रहती हैं।

और–

कमलिनी की वह रमणीयता
जो चाँद के अस्त होने से पहले

आँखों को
मुग्ध करती थी,
अब केवल
स्मरण का ही विषय रह गई है।
सच,
प्रिय के दूर चले जाने का दुःख
किसी भी अबला से
सहा नहीं जाता।

और–

बेरियों पर पड़ी
ओस की बूँदों को
प्रत्यूष ने रँग दिया है;
अभी-अभी जागा मोर
घास की कुटी से
बाहर आ रहा है;
और
वेदी के पास
अपने खुरों से खोदी भूमि से,
यह हरिण
अँगड़ाई लेता,
पीछे से ऊँचा होकर,
पैरों पर उठना चाह रहा है।

और–

पर्वतराज सुमेरु के शिखर पर
पाँव रखकर,
अंधकार का नाश करते हुए,
जिसने
पूरे आकाश को छा लिया था,
वही यह चाँद
अपनी बची-खुची किरणें लिये

अब आकाश से नीचे गिर रहा है।
कोई कितना भी बड़ा क्यों न हो,
बहुत ऊँचे चढ़ने का
परिणाम यही होता है
कि उसे
नीचे आना पड़ता है।

अनसूया : (बिना पट-परिवर्तन के प्रवेश करके) वासनाओं से दूर रहनेवाले किसी भी व्यक्ति पर कभी ऐसी न बनी होगी जैसी उस बेचारी शकुंतला पर आ बनी है।

शिष्य : तो जाकर गुरु से कह दूँ कि होम का समय हो गया है।

चला जाता है।

अनसूया : रात बीत गई और प्रभात हो गया। अब जल्दी से उठ जाना चाहिए। पर बहुत जल्दी उठकर भी क्या करूँगी ? मेरे हाथ-पैर तो प्रातः के आवश्यक कार्य भी ठीक से नहीं कर पा रहे। अब कामदेव की ही कामना पूरी हो जिसने हमारी सीधी-सादी शकुंतला को एक ऐसे व्यक्ति के साथ जोड़ दिया है जो उसे झूठे वचन देकर यहाँ से चला गया है। (याद करके) पर उस राजर्षि का भी दोष नहीं, यह तो दुर्वासा के शाप का ही प्रभाव है। नहीं तो, तब ऐसी-ऐसी बातें करने के बाद अब इतना समय बीत जाने पर भी उसने कोई समाचार क्यों नहीं भेजा ? (सोचकर) तो उसे स्मरण दिलाने के लिए वह अँगूठी भिजवा देती हूँ। पर दिन-रात तप का कष्ट सहनेवाले इन तपस्वियों में से किससे ऐसी प्रार्थना की जाए ? जहाँ एक ओर शकुंतला को दोष देना संभव नहीं, वहाँ दूसरी ओर प्रवास से लौटे तात कण्व को यह बताया भी कैसे जाय कि उसने दुष्यंत से विवाह कर लिया है, और अब एक जीव को जन्म देनेवाली है ?

प्रियंवदा : (प्रवेश करके)
चल अनसूया, यदि शकुंतला की विदाई देखने की उत्सुकता है, तो जल्दी से चल !

अनसूया : (आश्चर्य के साथ)
यह कैसे ?

प्रियंवदा : मैं अभी-अभी शकुंतला के पास यह देखने गई थी कि उसे रात को ठीक से नींद आई या नहीं।

अनसूया : फिर ?

प्रियंवदा : वहाँ देखा कि वह लज्जा से सिर झुकाए खड़ी है, और तात कण्व उसे बाँहों में लेकर, उससे कह रहे हैं, 'यह इस यजमान का भाग्य है बेटी, कि आँखें धुएँ से रुँधी होने पर भी इस आहुति यज्ञ की आग में ही गिरी। अच्छे शिष्य को दी विद्या की तरह तू आज मेरे लिए सार्थक सिद्ध हुई है। आज ही मैं तुझे ऋषियों के संरक्षण में तेरे पति के पास भेज दूँगा।'

अनसूया : पर तात कण्व को इस घटना का पता किसने दिया ?

प्रियंवदा : वे हवन के लिए अग्नि के पास बैठे, तो एक छंदमयी अशरीर वाणी ने।

अनसूया : क्या थी वह वाणी ?

प्रियंवदा : वाणी थी—

सुनो ब्राह्मण,
तुम्हारी कन्या
शंबा की टहनी की तरह
आज
अपने अंदर एक आग लिये है
क्योंकि
विश्व-कल्याण के लिए
उसने
दुष्यंत का बीज
अपने में धारण किया है।

अनसूया : (प्रियंवदा को आलिंगन में लेकर)
कितनी अच्छी बात हुई यह ! पर शकुंतला को आज ही भेज दिया जाएगा, इसलिए इस सुख में एक व्यथा भी है।

प्रियंवदा : हम अपनी व्यथा को किसी तरह बहला लेंगी, पर वह बेचारी तो वहाँ जाकर निश्चिंत हो।

अनसूया : इसी दिन के लिए मैंने आम की डाल से लटकती इस नारियल की पिटारी में नागकेसर का पराग रख छोड़ा है, जिसकी गंध दिनों तक बनी रहती है। तू इसे निकालकर कमलिनी के पत्ते पर डाल ले। मैं तब तक जाकर गोरोचन, तीर्थों की मिट्टी और दूब की कोंपलों से मंगल-सामग्री तैयार करती हूँ।

प्रियंवदा तदनुसार कार्य करने लगती है।

अनसूया चली जाती है।

नेपथ्य से : सुनो गौतमी, ऋषि शांर्गरव और शारद्वत से कह दो कि बेटी शकुंतला को साथ ले जाने के लिए तैयार हो जायँ।

प्रियंवदा : अनसूया, अब जल्दी कर, हस्तिनापुर जाने के लिए ऋषियों को बुलाया जा रहा है।

अनसूया : (सामग्री हाथ में लिये प्रवेश करके)
आ, चलें।

दोनों घूमती हैं।

प्रियंवदा : (देखकर)
वह देख, सूर्योदय के बाद स्नान करके शकुंतला वहाँ बैठी है। अन्न से भरे मंगलपात्र लिये स्वस्तिवाचन के लिए आई तापसियों ने उसे घेर रखा है। चल, हम भी वहीं पास चलें।

निर्दिष्ट रूप में तापसियों के साथ शकुंतला का प्रवेश।

शकुंतला : मैं आप सबकी वंदना करती हूँ।

गौतमी : जा बेटी, जाकर 'देवी' शब्द की अधिकारिणी बन और

पति को मान और सुख दे।

तापसियाँ : और वीर पुत्र को जन्म दे।

आशीर्वाद देकर गौतमी के अतिरिक्त सब चली जाती हैं।

अनसूया
प्रियंवदा : (पास आकर)
क्यों ? औषधि-जल से तेरा स्नान हो गया ?

शकुंतला : स्वागत करती हूँ तुम दोनों का। यहाँ बैठो।

अनसूया
प्रियंवदा : (बैठकर)
तू थोड़ी सीधी हो जा। हम तेरा मंगल-प्रसाधन करेंगी।

शकुंतला : अवसर के अनुरूप तो यह है ही, पर आज इसका मेरे लिए और भी मूल्य है। आज के बाद तो तुम्हारे हाथों का प्रसाधन मेरे लिए दुर्लभ हो जाएगा।

आँखों में आँसू आ जाते हैं।

अनसूया
प्रियंवदा : देख, मंगल-कार्य के समय इस तरह रोते नहीं।

प्रियंवदा : तेरे रूप को सजाना तो चाहिए आभूषणों से। आश्रम की सामग्री से प्रसाधन करना तो इसका तिरस्कार ही है।

आभूषण हाथ में लिये ऋषिकुमार हारीत का प्रवेश।

हारीत : ये रहे आभूषण ! इनसे इसे सजाओ।

सब देखकर चकित होती हैं।

गौतमी : ये तुम्हें कैसे मिले, हारीत !

हारीत : तात कण्व के प्रभाव से।

गौतमी : उनकी मानसिक सिद्धि से ?

हारीत : नहीं। तात कण्व ने हमें आदेश दिया था कि शकुंतला के लिए पेड़-पौधों से फूल तोड़ लाओ। जब हम इसके लिए गए, तो–

किसी पेड़ से हमें

चाँद-सा उजला
मंगल वस्त्रों का जोड़ा मिला
किसी ने
पैर रँगने का सुंदर अलता
हमारे हाथों पर टपका दिया।
कुछ और पेड़ों के पीछे से
वन-देवताओं ने
अपने
नए पत्तों जैसे सुंदर सुकुमार हाथ
मणिबंध तक बाहर लाकर
ये आभूषण
स्वयं हमारी झोली में डाल दिए।

प्रियंवदा : (शकुंतला की ओर देखकर)
भौंरी पेड़ की कोख में पैदा होकर भी कमल का ही रस पाती है।

गौतमी : बेटी, वन-देवताओं का यह अनुग्रह इस बात की सूचना है कि पति के घर में तू राजलक्ष्मी का उपभोग करेगी।

शकुंतला लजाने का अभिनय करती है।

हारीत : तात कण्व मालिनी में स्नान कर रहे हैं। मैं जाकर उन्हें वनस्पतियों की इस सेवा का समाचार दे दूँ।

चला जाता है।

अनसूया : अब इन आभूषणों से कैसे तुझे सजाएँ ? इनका कुछ अनुभव तो हमें है नहीं। (सोचते हुए, उसे देखकर) चित्रों में जिस तरह होता है, उसी तरह तेरे अंगों में ये आभूषण सजा देती हैं।

शकुंतला : तुम लोगों की कुशलता मैं जानती हूँ।

अनसूया और प्रियंवदा उसे आभूषण पहनाती हैं। स्नान करके आए कण्व का प्रवेश।

कण्व : (सोचते हुए)

शकुंतला आज चली जाएगी,
यह सोचकर ही
एक अवसाद
हल्के-हल्के मन को छू रहा है;
रोके हुए आँसुओं से
स्वर रुँध-सा गया है,
और आँखें
चिंता के कारण
पथरा गई हैं।
मुझे,
वन-जीवन बिताने पर भी,
आज स्नेह ने
इतना विकल कर दिया है,
तो सोचता हूँ कि उन्हें
जो घर-गिरस्ती में जीते हैं
बेटी से बिछुड़ने का अवसर आने पर,
इस नए दुःख से
कितनी-कितनी पीड़ा होती होगी।

घूमता है।

अनसूया

प्रियंवदा : तेरा शृंगार हो चुका, शकुंतला ! अब तू यह जोड़ा पहन ले।

शकुंतला उठकर पहनने का अभिनय करती है।

गौतमी : बेटी, तेरे पिता आ रहे हैं। आनंद के आँसुओं से भरी इनकी आँखें ही जैसे तुझे गोद में ले लेना चाहती हैं। उठ, और मर्यादा का पालन कर।

शकुंतला सलज्ज भाव से अभिवादन करती है।

कण्व : बेटी !

पति से
तुझे वही मान मिले
जो ययाति से शर्मिष्ठा को मिला;
और शर्मिष्ठा की ही तरह
तुझे भी
पुरु-जैसा
चक्रवर्ती पुत्र प्राप्त हो।

गौतमी : बेटी, यह आशीर्वाद नहीं, पिता का वरदान है।

कण्व : यह आग अभी-अभी जलाई गई है, बेटी ! तू इसकी प्रदक्षिणा कर ले।

सब उसे प्रदक्षिणा कराने के लिए घूमते हैं।

कण्व : बेटी !

पवित्र करें
तुझे
ये यज्ञ-ज्वालाएँ
जिनके स्थान
वेदी के बीच
और आसपास
निर्धारित हैं,
जिनमें निरंतर
समिधाएँ पड़ती हैं,
और
जिनके सीमाभाग में
यह दूब बिखरी है !
इन ज्वलाओं में पड़ती
आहुतियों की गंध
सभी पापों,
सभी क्लेशों

को शांत कर दे।

शकुंतला प्रदक्षिणा करती है।

कण्व : अब प्रस्थान करो, बटी ! (इधर-उधर दृष्टि डालकर) शार्ंगरव और शारद्वत मिश्र कहाँ हैं ?

शार्ंगरव-शारद्वत : (प्रवेश करके)
हम यही हैं, भगवन् !

कण्व : बच्चो, अपनी बहन को मार्ग दिखाओ।

शार्ंगरव-शारद्वत : इधर से आओ बहन !

सब घूमते हैं।

कण्व : सुनो वन-देवताओं को आवास देनेवाले वृक्षो,
तुम्हें सींचे बिना
जिसने
कभी पानी नहीं पिया,
प्रसाधन में रुचि रखते हुए भी
जिसने
स्नेहवश
कभी तुम्हारा पत्ता तक नहीं तोड़ा,
तुम पर फूल आने पर
जो
सबसे पहले उत्सव मनाने लगती थी,
वही शकुंतला
आज पति के घर जा रही है—
इसे अनुमति दो,
सबके-सब अनुमति दो।

आकाश से : शिवास्ते संतु पंथानः।
खिली कमलिनियों से भरे सरोवर
तेरे मार्ग में रमणीय अंतराल दें;
धूप की चिलचिलाहट को
घने पेड़ों की छायाएँ रोके रहें;
रास्ते की धूल

तुझे उतनी ही कोमल मिले
जितना कमलों से उठा पराग;
और
ठंडी हवा
तेरे अनुकूल दिशा में ही
बहती रहे !

सब आश्चर्य से सुनते हैं।

शांर्गरव : (कोयल के शब्द की ओर ध्यान दिलाकर)
भगवन् ?
यह कोयल का मीठा स्वर
उत्तर है
इन वनस्पतियों की ओर से,
जो कि
शकुंतला के
वन-जीवन के बांधव हैं–
और इसी स्वर में वे
इसे अपनी
अनुमति की सूचना दे रहे हैं।

गौतमी : बेटी, वन-देवताओं का तुझ पर बांधवों-जैसा ही स्नेह है। इन्होंने तुझे जाने की अनुमति दे दी है, इसके लिए इन्हें प्रणाम कर।

शकुंतला : (प्रणाम करने के बाद थोड़ा घूमकर, अलग से) प्रियंवदा, आर्यपुत्र से मिलने के लिए मन में बहुत उत्सुकता है, फिर भी आश्रम को छोड़कर जाने में इतना दुःख हो रहा है कि पैर आगे नहीं बढ़ रहे।

प्रियंवदा : केवल तुझे ही आश्रम को छोड़कर जाने का दुःख नहीं है; तू यहाँ नहीं रहेगी, इस बात से देख, आश्रम की क्या अवस्था हो रही है–
हरिणी से
मुँह की घास

निगली नहीं जा रही,
और
मोरनी के पैर
सहसा
नाचने से रुक गए हैं।
यही नहीं,
इन लताओं को देख,
जो सूखे पत्तों के बहाने
जैसे
अपनी आँखों से
आँसू गिरा रही हैं।

शकुंतला : पिता, जाते हुए अपनी बहन माधवी लता से भी एक बात कर लूँ।

कण्व : उसके प्रति तेरे अनुराग का मुझे पता है। देख, यहीं तो है वह दाईं ओर।

शकुंतला : (पास जाकर और लता का आलिंगन करके)
बहन माधवी, अपनी टहनियों की बाँहों से मुझे आलिंगन में ले ले। आज के बाद मैं तुझसे बहुत दूर हो जाऊँगी...पिता, इसकी भी देखभाल मेरी तरह करना।

कण्व : बेटी,
मेरा पहला संकल्प तेरे लिए था,
पर तूने तो
अपने गुणों से ही
योग्य पति पा लिया।
अब
तेरी ओर से निश्चिंत हो,
इस आम को वर बनाकर
इन दोनों को मैं
विवाह-सूत्र में बाँध दूँगा।
तो, अब तुम चलो।

शकुंतला : (अनसूया-प्रियंवदा के पास आकर)
देखो, मैं इसे तुम दोनों के हाथ में सौंपकर जा रही हूँ।

अनसूया
प्रियंवदा : और हमें किसके हाथ में सौंपकर जा रही है ?

दोनों की आँखें भर आती हैं।

कण्व : अनसूया, प्रियंवदा, तुम लोग ऐसे रोओ नहीं। तुम्हें बल्कि शकुंतला को धीरज बँधाना चाहिए।

सब लोग घूमते हैं।

शकुंतला : (देखकर)
पिता, गर्भ-भार से मंथर होने से पर्णशाला के आसपास ही विचरण करनेवाली यह हरिणी जब एक अच्छे-से छौने को जन्म दे, तो किसी के हाथ यह समाचार मुझे अवश्य भिजवा देना। देखो, भूलना नहीं।

कण्व : नहीं भूलूँगा, बेटी !

शकुंतला : (चलने में बाधा का अभिनय करके)
अरे ! यह कौन पैरों में लगा बार-बार मेरा आँचल खींच रहा है ?

कण्व : बेटी,

हरिण शावक है यह
जिसका मुँह
घास की सूइयों से छिल जाने पर,
उस घाव को भरने के लिए
तूने दिनों तक
उसे हिंगोट के तेल से सींचा था !
तेरी मुट्ठी से धान खा-खाकर पला
यह तेरा ही माना हुआ बेटा है
जो इस समय
तेरे मार्ग से
हटना नहीं चाहता।

शकुंतला : क्यों रोक रहा है बेटे, मैं तो यह आवास सदा के लिए

छोड़कर जा रही हूँ। जन्म लेते ही तेरी माँ तुझे छोड़कर चल बसी थी—तब मैंने तुझे पाला था। अब मैं छोड़कर जा रही हूँ, तो पिता तेरी पालना करेंगे। जा, अब लौट जा।

रोती हुई चल देती है।

कण्व : रो नहीं, बेटी। धीरज रख और आगे देखकर चल।

अपलक आँखें
आँसुओं से रुँधी रहने से
आगे की ऊँची-नीची भूमि
तुझे दिखाई नहीं दे रही;
अब आँसुओं को रोक ले,
क्योंकि
रास्ते पर तेरे पैर
सीधे नहीं पड़ रहे।

शांर्गरव-शारद्वत : भगवन्, सुना है बंधु-जन पानी की सीमा तक ही लड़की को छोड़ने आते हैं। यह सामने नदी का तट है। अब जो भी संदेश वहाँ देना हो, वह हमें बताकर आप लौट जायँ।

कण्व : तो आओ, यहाँ इस अश्वत्थ की छाया में बैठ जायँ।

सब लोग बैठने का अभिनय करते हैं।

सोच लें कि राजर्षि दुष्यंत को क्या संदेश भेजना उचित होगा।

सोचने लगता है।

अनसूया : आश्रम में कोई भी तो चेतन जीव नहीं है, शकुंतला, जो तेरे वियोग की चेतना से दुःखी न हो। देख—

यह चकवा
मुँह में मृणाल लिये
एकटक तेरी ओर देख रहा है।
कमलिनी के पत्तों में लिपटी चकवी
उससे कुछ बात कर रही है,
पर यह उत्तर में

उससे
कुछ भी कह नहीं पा रहा।

कण्व : बेटा शार्ंगरव, शकुंतला को सामने करके मेरी ओर से राजा से कहना—

शार्ंगरव : आज्ञा दें, क्या कहना होगा ?

कण्व : एक ओर
इसका ध्यान रखते हुए
कि हम लोगों का धन
केवल तपस्या है,
और दूसरी ओर
अपने कुल की ऊँची मर्यादा का,
तथा उसके साथ
इसका भी ध्यान रखते हुए
कि बिना इसके बंधुओं से अनुमति लिये
तुमने स्वयं ही
इसे अपने स्नेह-पाश में बाँधा है,
अब वहाँ इसे
उसी तरह रखना
जैसे तुम्हारी अन्य पत्नियाँ रहती हैं।
इससे आगे कुछ हो,
तो वह इसका भाग्य है;
लड़की के संबंधी
अपनी ओर से
इस संबंध में
कुछ नहीं कह सकते।

शार्ंगरव : संदेश हमने ग्रहण कर लिया है।

कण्व : (शकुंतला की ओर देखकर)
बेटी, मुझे तुझसे भी कुछ कहना है। हम वन में रहकर भी लोक-व्यवहार से अनभिज्ञ नहीं हैं।

शार्ंगरव : हाँ, ऐसा कौन-सा विषय है जिसका कि एक प्रतिभाशाली

व्यक्ति को ज्ञान न हो ?

कण्व : तो यहाँ से पति के घर जाकर तू–

बड़ों की सेवा करना
और
राजा की अन्य पत्नियों को
अपनी मित्रों की तरह मानना।
पति
क्रोध में आकर
कभी तिरस्कार भी कर दे,
तो तू उसके
प्रतिकूल मत जाना।
सेवकों के साथ
सद्भाव से व्यवहार करना
और
उपभोग की वस्तुओं के प्रति
कभी आग्रह मत दिखाना
इन्हीं गुणों से
एक युवती
गृहिणी कहलाने की अधिकारिणी बनती है;–
जिसका व्यवहार
इसके विपरीत हो,
वह गृहिणी नहीं,
घर की एक व्याधि है।

गौतमी, तुम इस संबंध में क्या कहती हो ?

गौतमी : बस एक वधू के लिए यही तो उपदेश होता है। इन बातों को बेटी, सदा याद रखना, कभी भूलना नहीं।

कण्व : तो आ बेटी, मुझसे और अपनी सखियों से गले मिल ले।

शकुंतला : पिता, ये दोनों भी यहीं से लौट जाएँगी ?

कण्व : कल को इनका भी कन्यादान करना है, इसलिए इनका वहाँ तेरे साथ जाना उचित नहीं। तेरे साथ गौतमी जाएगी।

शकुंतला : (पिता के गले लगकर)
मलय पर्वत से उखड़ी चंदन लता की तरह पिता की गोदी से छूटकर मैं वहाँ जिऊँगी कैसे ?

कण्व : इस तरह व्याकुल नहीं होते, बेटी !

कुलीन पति के यहाँ
गृहिणी के प्रशंसनीय पद पर आसीन होकर,
तथा शीघ्र ही
प्राची के गर्भ से सूर्य की तरह
एक कल्याणकारी पुत्र को जन्म देकर,
तू हर समय
उस वैभवशाली घर के
इतने बड़े-बड़े कार्यों में व्यस्त रहेगी
कि मुझसे अलग होने की पीड़ा
तुझे नहीं सताएगी।

शकुंतला : (पिता के पैर छूकर)
प्रणाम करती हूँ, पिता !

कण्व : बेटी, जीवन में वह सबकुछ तुझे मिले जो कि तेरे लिए मेरे मन में है।

शकुंतला : (अनसूया और प्रियंवदा के पास आकर)
आओ, तुम दोनों एक साथ मुझसे गले मिलो।

अनसूया
प्रियंवदा : (वैसा करके)
देख, यदि वह राजर्षि तुझे तुरंत न पहचान पाए, तो उसे यह अँगूठी दिखा देना जिस पर उसका नाम अंकित है।

शकुंतला : तुम लोगों के इस संदेश से तो मेरा हृदय काँप गया।

अनसूया
प्रियंवदा : डर नहीं, स्नेह के कारण ही मन में सब तरह की आशंकाएँ उठ आती हैं।

शार्ंगरव : भगवन्, सूर्य सिर पर आ गया है। अब इसे शीघ्र अनुमति दें।

शकुंतला : पिता, अब इसके बाद तपोवन में लौटकर कब आ सकूँगी ?

कण्व :
बहुत दिन
दिशाओं के छोर तक फैली
धरती की
सपत्नी बनी रहकर,
और
दुष्यंत के
अजेय पुत्र की माँ बनने के बाद,
जब वह राजा
अपना कार्य-भार
उसके कंधों पर रख देगा,
तो तू
पति के साथ ही
मानसिक शांति के लिए
पुनः
इस आश्रम में आकर रह सकेगी।

गौतमी : बेटी, तेरे जाने का समय बीता जा रहा है, इसलिए अब पिता को लौट जाने दे।...पर यह तो जाने कितनी देर आपको रोके रहेगी, इसलिए आप ही लौट चलें।

कण्व : बेटी, मेरा तप-अनुष्ठान रुका है, अब मुझे लौटना होगा।

शकुंतला : आपकी उत्कंठा तो तप-अनुष्ठान के कारण समाप्त हो गई, पर मेरी उत्कंठा अभी उसी तरह बनी है।

कण्व : बेटी, तू तो मुझे जड़ बनाए दे रही है। (निःश्वास छोड़कर)
तेरे हाथ के रोपे
बलि के धान
पर्णशाला के द्वार पर
उगे देखकर
मेरे मन से शोक

बेटी,
बता, कैसे जा पाएगा !
अउ जा...शिवास्ते संतु पंथानः।

गौतमी, शार्ंगरव और शारद्वत शकुंतला के साथ चले जाते हैं।

अनसूया
प्रियंवदा : (देर तक विमूढ़ रहने के बाद करुण स्वर में)
ओह ! शकुंतला, तो अब वन-पंक्तियों की ओट में चली गई।

कण्व : (निःश्वास छोड़कर)
अनसूया, प्रियंवदा, तुम लोगों की साथिन चली गई। अब शोक के आवेग को दबाकर मेरे पीछे-पीछे चली आओ।

सभी चल देते हैं।

अनसूया
प्रियंवदा : पिता, शकुंतला के चले जाने से तपोवन कितना सूना हो गया है !

कण्व : स्नेह के कारण ही तुम्हें ऐसा लग रहा है। (सोचते हुए घूमकर) ओह ! शकुंतला को पति के घर भेजकर अब निश्चिंत हुआ हूँ मैं।

लड़की पराया धन है,
और आज
उसे पति के यहाँ भेजकर
मन से एक बोझ उतर गया है।
लगता है
जैसे
किसी की धरोहर
आज उसके हाथों में
वापस सौंप दी हो।

॥ चौथा अंक ॥

अंक : पाँच

[हस्तिनापुर का राजभवन तथा राजमार्ग]

कंचुकी का प्रवेश।

कंचुकी : ओह ! बुढ़ापे ने क्या दशा कर दी है मेरी !

यह बेंत की छड़ी,
जो मैंने
राजा के अंतःपुर-अधिकारी के रूप में
ग्रहण की थी,
आज,
इतना समय बीत जाने पर,
मेरी बूढ़ी-काँपती टाँगों को
सहारा देकर चलाने का
साधन बन गई है।

देव अंतःपुर में चले गए हैं, फिर भी जाकर उन्हें बताना होगा कि कुछ ऐसा जल्दी का काम आ पड़ा है जो स्वयं उन्हीं को निपटाना है। (थोड़ा चलकर) पर क्या काम है वह ? (सोचकर) हाँ, याद आया। तपोवन से आए कण्व के शिष्य उनसे मिलना चाहते हैं। सच, कैसी विचित्र दशा है कि—

एक क्षण
अँधेरे में डूबती-सी,
सहसा
दूसरे ही क्षण
चमक जाती है;—
बुढ़ापे की स्मृति
वैसी ही है
जैसी
बुझते दीये की लौ।

(घूमकर और देखकर) ये रहे देव !

संतान की तरह
प्रजा को
उचित कार्यों में लगाकर,
अब एकांत में
उसी तरह अपनी थकान दूर कर रहे हैं,
जिस तरह गजराज,
गज-समूह को भरे जंगल में बिखराकर,
स्वयं
धूप की तपन दूर करने के लिए
ठंडी गुफा में जा बैठता है।

देव धर्म-कार्य में कभी विलंब नहीं करते, फिर भी मन थोड़ा शंकित है कि कण्व के शिष्यों के आने का समाचार उन्हें तुरंत देना चाहिए या नहीं, क्योंकि अभी-अभी तो वे धर्मासन से उठकर आए हैं। पर राजा को विश्राम कहाँ ?

सूर्य के घोड़े
हर समय जुते रहते हैं
रात हो या दिन,
वायु को
हर समय चलते रहना होता है;
और भूमि का भार
शेषनाग
हर समय पीठ पर उठाए रहता है।
यही धर्म राजा का भी है
जो प्रजा से
उसकी आय का छठा भाग
कर के रूप में ग्रहण करता है।

घूमता है। दुष्यंत, विदूषक और राज-वैभव के अनुसार अपेक्षित परिचारकों का प्रवेश।

दुष्यंत : (जैसे अधिकार से खिन्न)
सब लोगों को अपनी मनोकामना पूरी होने से सुख मिलता है, पर राजा के लिए यह पूर्ति भी दुःख लेकर ही आती है।

नई प्रतिष्ठा पाकर
केवल एक उत्सुकता शांत होती है,
परंतु
प्राप्त की रक्षा का भार
आ पड़ने से
दुःख और बढ़ता ही है।
अपने हाथ में लिए छत्र की तरह,
राज्य का अधिकार
उतना कष्ट दूर नहीं करता
जितना कि बढ़ा देता है।

नेपथ्य से

दो वैतालिक : देव की जय हो !

एक वैतालिक : अपने सुखों को भूलकर
लोक-कल्याण के लिये
तुम रात-दिन कष्ट झेलते हो;
कहा जा सकता है कि
तुम्हारा निर्माण ही इसलिए हुआ है।
एक वृक्ष
अपने सिर पर
तीखी धूप इसीलिए झेलता है
कि वह
छाया में आश्रय लेनेवालों का
संताप दूर कर सके।

दूसरा वैतालिक : किसी भी पथ-भ्रष्ट को
उचित दंड देना,
विवाद शांत करके

रक्षा के उपाय करना,
और प्रजा में
इस तरह
अतुल संपत्ति का वितरण करना
कि किसी को किसी से
द्वेष न रहे—
यह तुम्हारा शासन है !
तुम प्रजा के बंधु हो—
निकटतम और अन्यतम !

दुष्यंत : (सुनकर आश्चर्य के साथ)
इन शब्दों ने शासन-कार्य की सारी थकान दूर करके मन में एक नया उत्साह भर दिया।

विदूषक : (हँसकर)
वाह ! बैल से किसी ने कह दिया है कि तुम गौओं के स्वामी हो तो इतने से ही उसकी थकान दूर हो गई ?

दुष्यंत : (मुसकराकर)
तुम आसन तो लो।

दोनों बैठ जाते हैं। परिचारक अपने-अपने स्थान पर खड़े हो जाते हैं। नेपथ्य से वीणा का शब्द सुनाई देता है।

विदूषक : (उधर कान देकर)
यह स्वर-संयोग ! मित्र, ज़रा संगीतशाला की ओर कान देकर सुनो...कितने शुद्ध ताल-लय में वीणा-वादन चल रहा है ! लगता है देवी हंसवती वर्णों का अभ्यास कर रही हैं।

दुष्यंत : अच्छा, चुप रहो और सुनने दो।

कंचुकी : देव का ध्यान अभी दूसरी ओर है। मैं रुककर अवसर की प्रतीक्षा करता हूँ।

एक ओर खड़ा रहता है।

नेपथ्य से : (गीत-स्वर)

नए मधु के लोभ से विमोहित हो,
मधुकर,
तब तुमने
किस भाव से आम की मंजरी को चूमा था ?
किंतु आज
केवल कमलिनी के आवास में संतुष्ट रहकर,
उस मंजरी को तुमने
सर्वथा भुला ही दिया है ?

दुष्यंत : ओह ! कैसा भावना का प्रवाह है इस गीत में !

विदूषक : मित्र, इस गीत का शब्दार्थ भी कुछ समझे हो ?

दुष्यंत : (मुसकराकर)

शब्दार्थ यह है कि गायिका को केवल एक बार ही हमसे प्रणय मिला है। इस तरह देवी हंसवती ने बिना कुछ कहे ही हमें उलाहना दे दिया है। तो माधव्य, तुम जाकर हमारी ओर से देवी हंसवती से कह दो कि उलाहना हमें ठीक से मिल गया है।

विदूषक : (उठकर)

जैसी आज्ञा। पर मित्र, है यह दूसरे के हाथ से भालू की चोटी पकड़ने जैसा काम ! अब मैं बेचारा वीतराग ब्राह्मण इसमें मारा जाऊँगा।

दुष्यंत : अब जाओ भी न ! अपने नागरिक व्यवहार से बेचारी को जैसे-तैसे थोड़ी सांत्वना दे दो।

विदूषक : जाए बिना और चारा भी क्या है ?

चला जाता है।

दुष्यंत : (स्वगत)

किसी प्रियजन का वियोग नहीं है, फिर भी इस तरह का गीत सुनकर मन न जाने क्यों इतना उत्कंठित हो उठा है ! या फिर–

एक रमणीय दृश्य,

या एक मधुर शब्द,
जो सहसा
एक सुखी व्यक्ति के मन को भी
आंदोलित कर जाता है,
इसका कारण
क्या यही नहीं
कि किसी पहले जन्म का परिचय,
जो पहचान से परे रहकर भी
भाव में समाया रहता है,
मन की किसी अनजान गहराई में
एकाएक जाग जाता है ?

स्मृतिहीनता का उन्मन भाव उस पर छा जाता है।

कंचुकी : (पास आकर)
देव की जय हो ! हिमालय की घाटी के वन से कुछ तपस्वी ऋषि कण्व का संदेश लेकर आए हैं। दो-एक स्त्रियाँ भी उनके साथ हैं। यह जानकर अब आप जैसा आदेश दें, वैसा किया जाय।

दुष्यंत : (आश्चर्य के साथ)
कण्व का संदेश लेकर तपस्वी आए हैं, और स्त्रियाँ उनके साथ हैं ?

कंचुकी : जी हाँ !

दुष्यंत : तो जाकर उपाध्याय सोमरात से मेरी ओर से कहो कि वेदोक्त विधि से तपस्वियों का सत्कार करके वे स्वयं उन्हें साथ ले आएँ। मैं भी तपस्वियों के दर्शन के लिए अनुकूल स्थान पर चलकर उनकी प्रतीक्षा करता हूँ।

कंचुकी : जैसी देव की आज्ञा !

चला जाता है।

दुष्यंत : (उठकर)
वेत्रवती, यज्ञभवन का मार्ग दिखाओ।

प्रतीहारी : इधर से आएँ, देव ! (घूमकर) यह रहा यज्ञभवन का चबूतरा जिसे अभी-अभी धोकर निखारा गया है। यहीं होम धेनु का आवास भी है। देव, ऊपर चलें।

दुष्यंत : (ऊपर पहुँचकर प्रतीहारी के कंधे का सहारा लिये हुए) वेत्रवती, आचार्य कण्व ने किस उद्देश्य से इन तपस्वियों को मेरे पास भेजा होगा ?

क्या किसी ने
व्रतधारी तपस्वियों के
तापस धर्म को
बाधाओं से दूषित किया है ?
या
तपोवन में विचरण करते
पशु-पक्षियों के प्रति
किसी से दुर्व्यवहार हुआ है ?
या फिर कहीं ऐसा तो नहीं
कि मेरी शक्ति से अपरिचित
किसी दुराग्रही ने
लताओं के फूल-पत्ते
नष्ट करने का प्रयत्न किया है ?
मन में कई तरह के तर्क उठने,
और कोई भी एक
निश्चय न कर पाने के कारण
मेरा मन
चिंता से व्याकुल हो रहा है।

प्रतीहारी : आपकी भुजाओं से रक्षित तपोवन में ऐसी आशंका ही कहाँ है ? मुझे तो लगता है कि आपके सद्व्यवहार से प्रसन्न होकर ये ऋषि आपका अभिनंदन करने आए हैं।

शकुंतला को साथ लिए गौतमी शांर्गरव और शारद्वत का प्रवेश। पुरोहित और कंचुकी इनके आगे-आगे हैं।

कंचुकी : इधर से आएँ आप लोग।

शार्गरव : मित्र शारद्वत,

बहुत प्रभाव है राजा का,
और यह कभी
मर्यादा का उल्लंघन नहीं करता;
चारों वर्णों में से
कोई निकृष्ट व्यक्ति भी
इसके राज्य में कभी पथ-भ्रष्ट नहीं होता;
फिर भी
निर्जन में रहने के अभ्यास के कारण
यहाँ भीड़ में आकर
मन को ऐसा लगता है
जैसे
बिना जाने सहसा
किसी आग से घिरे घर में
चले आए हों।

शारद्वत : नगर में आकर तुम्हारा इस तरह अनुभव करना अस्वाभाविक नहीं।

इन लोगों के सुख-संयोग के बीच
अपने को देखकर
ऐसा आभास होता है
जैसे एक नहाया व्यक्ति
तेल से चिकने शरीर को,
एक पवित्र व्यक्ति
अपवित्र देह को,
एक जागा हुआ व्यक्ति
सो रहे कलेवर को,
और
एक स्वतंत्र व्यक्ति
बँधे हुए गात्रों को

देख रहा हो।

पुरोहित : इसीलिए तो आप लोग महान हैं।

शकुंतला : (अपशकुन का अभिनय करके)
ओह ! मेरी दाईं आँख क्यों फड़क रही है ?

गौतमी : अमंगल शांत हो, बेटी ! तुझे सब तरह का सुख प्राप्त हो।

सब घूमते हैं।

पुरोहित : (दुष्यंत की ओर संकेत करके)
तापसगण, ये रहे वर्णाश्रमों के रक्षक हमारे राजा। आसन छोड़कर ये आपकी प्रतीक्षा में खड़े हैं।

शार्ंगरव : इनका यह व्यवहार प्रशंसनीय है, फिर भी हम लोग इस सबके प्रति उदासीन हैं।

फल आने पर
पेड़ों का झुक जाना,
नए जल के भार से
बादलों का दूर-दूर तक घिर आना,
और
विशाल वैभव पाकर
सत्पुरुष का विनम्र हो उठना,
स्वाभाविक धर्म है,
और यही
परोपकार की मर्यादा है।

प्रतीहारी : देव, ऋषि लोग देखने में काफी प्रसन्न जान पड़ते हैं

दुष्यंत : (शकुंतला को देखकर)
अरे !

यह कौन है इनके साथ
जिसके शरीर का लावण्य
घूँघट में छिपा रहने से
बाहर झलक नहीं पाता ?
इन तापसों में घिरी
यह ऐसी लगती है

जैसे
पीले पत्तों के बीच
एक नई कोंपल।

प्रतीहारी : स्वामी, इसे देखकर मन में इतनी उत्सुकता जाग रही है कि मेरी तो विचार-शक्ति ही जैसे लुप्त हो गई है। आकृति निःसंदेह ऐसी है कि बस देखते रहने को ही मन करता है।

दुष्यंत : ठीक है, पर पराई स्त्री की ओर देखना उचित नहीं।

शकुंतला : (वक्ष पर हाथ रखकर, स्वगत)
हृदय, क्यों इतना काँपते हो ? आर्यपुत्र की उस भावना का स्मरण करके तुम्हें धीरज रखना चाहिए।

पुरोहित : (आगे आकर)
स्वस्ति देवाय। तपस्वियों की विधिपूर्वक अर्चना करके मैं इन्हें साथ ले आया हूँ। ये आचार्य का कुछ संदेश लाए हैं जो आप इनसे सुन सकते हैं।

दुष्यंत : मैं ध्यान से सुन रहा हूँ।

शार्ंगरव-शारद्वत : (हाथ उठाकर)
तुम्हारी विजय हो, राजा !

दुष्यंत : मैं आप सबका अभिवादन करता हूँ।

शार्ंगरव-शारद्वत : स्वस्ति देवाय।

दुष्यंत : वहाँ तपस्या में कोई बाधा तो नहीं ?

शार्ंगरव-शारद्वत :
तुम सदाचार के रक्षक हो,
तो फिर
धर्म-कार्यों में
बाधा कैसे पड़ सकती है ?
सूर्य का आलोक जहाँ फैला हो,
वहाँ
अँधेरा कैसे टिक सकता है ?

दुष्यंत : (स्वगत)
यह सुनकर मेरा राजा कहलाना सार्थक हो गया। (प्रकट)

आचार्य कण्व सकुशल तो हैं ?

शांर्गरव : उन-जैसे सिद्ध व्यक्ति की कुशल उनके अपने हाथ में रहती है। उन्होंने आपका कुशल समाचार पूछा है और कहा है...

दुष्यंत : क्या आदेश दिया है उन्होंने ?

शांर्गरव : ...कि पारस्परिक प्रतिज्ञा के आधार पर आपने जो हमारी बेटी से विवाह किया, इसके लिए हमने स्नेहपूर्वक अपनी अनुमति दे दी है।

हमारी धारणा है
कि आप
सत्पुरुषों के शिरोमणि हैं,
और शकुंतला
जो कुछ भी शुभ है
उसकी शरीरधारिणी क्रिया।
आप दोनों को
वर और वधू के रूप में मिलाकर
प्रजापति ने
एक ऐसा कार्य किया है,
जिसकी कि कभी भी
निंदा नहीं होगी।

अब यह एक जीव को जन्म देने जा रही है, इसलिए साथ रहकर धर्माचरण के लिए इसे यहीं पास रखें।

गौतमी : भद्रमुख, मैं भी कुछ कहना चाहती हूँ पर मेरे बोलने का शायद अवसर नहीं है।

दुष्यंत : आप कहें, क्या कहना चाहती हैं ?

गौतमी : न इसने अपने गुरुजनों से अनुमति ली,

और न ही
तुमने अपने बंधुओं से इस विषय में कुछ पूछा।
एक और एक के बीच हुई इस बात को लेकर
तुम दोनों में से किसी से भी

कोई कहे तो क्या कहे ?

शकुंतला : (स्वगत)
जाने आर्यपुत्र अब उत्तर में क्या कहेंगे !

दुष्यंत : (सब सुनकर आशंकित भाव से)
अरे ! यह आप लोगों ने कैसी कहानी शुरू कर दी !

शकुंतला : (स्वगत)
ओह ! कैसे आक्षेप और तिरस्कारपूर्ण शब्द हैं ये !

शांर्गरव : क्या कहा आपने—कहानी शुरू कर दी ? आप समझते हैं कि लोक-व्यवहार की बातें केवल आप ही जानते हैं ?

विवाहिता नारी
सतीत्व का पालन करती हुई भी
यदि बहुत दिनों तक
अपने पितृकुल में रहती है,
तो उसके विषय में
तरह-तरह की आशंकाएँ उठने लगती हैं।
इसलिए,
वह पति को प्रिय लगे या न लगे,
कि वह
अपने स्वामी के पास,
उसके घर में ही रहे।

दुष्यंत : आप कहना चाहते हैं कि मैं इस तपस्विनी से विवाह कर चुका हूँ ?

शकुंतला : (विषादपूर्वक, स्वगत)
ले हृदय, अब तेरी आशंका तेरे सामने है !

शांर्गरव : क्या यह एक राजा के लिए उचित है कि अपने किए का पश्चाताप उसे धर्म-मार्ग से डिगा दे ?

दुष्यंत : पर ऐसी अशुभ कल्पना आप कर किस आधार पर रहे हैं ?

शांर्गरव : (क्रोध के साथ)

ऐश्वर्य का उन्माद

प्रायः
ऐसे विकार
मन में उत्पन्न कर ही देता है।

दुष्यंत : आप बहुत आक्षेप कर रहे हैं मेरे ऊपर !

गौतमी : (शकुंतला से)
बेटी, अब पल-भर के लिए लज्जा छोड़ और मुझे अपना घूँघट हटा लेने दे। इससे स्वामी तुझे पहचान जाएँगे।

उसका घूँघट हटा देती है।

दुष्यंत : (शकुंतला को देखकर, स्वगत)
यह अनिन्द्य रूप
और इतना सुलभ ?
पर पहले इसका परिग्रह किया है या नहीं,
इस संशय में पड़कर
मन से
न इसे अपनाते बनता है
न अस्वीकार करते !
स्थिति एक भौंरे की-सी है
जिसे कमलकोष का आश्रय तो मिले,
पर साथ उसमें
तुषार की बूँदें लिपटी हों !

विचारमग्न-सा हो रहता है।

प्रतीहारी : (स्वगत)
स्वामी को धर्म का कितना विचार है ! अन्यथा अनायास मिल रहे ऐसे स्त्री-रत्न को पाकर कौन पल-भर के लिए भी सोचता है ?

शार्ंगरव : क्यों राजा, चुप क्यों हो रहे ?

दुष्यंत : ऐसा है तापसगण, कि मुझे बहुत सोचकर भी याद नहीं आ रहा कि मैंने कब इसे पत्नी के रूप में अपनाया है। और अब इसके गर्भ-लक्षणों को देखते हुए भी मैं इसे स्वीकार कर लूँ यह क्षत्रियोचित कार्य नहीं।

शकुंतला : (स्वगत)

ओह ! इन्हें विवाह में ही संदेह है ! इससे तो दूर तक फैल आई मन की आशा-लता सर्वथा टूट गई।

शार्ंगरव : चोरी किया धन,

धन का स्वामी
जैसे चोर को ही सौंप दे,
कुछ वैसे ही
म्हर्षि ने
तुम्हारे बलात्कार से दूषित
अपनी बेटी को
तुम्हें सौंपने की अनुमति दी है।
उस अनुमति की तुम
इस तरह...

शारद्वत : तुम ठहरो, शार्ंगरव, ! देखो शकुंतला, हमें जो कहना था हमने कह दिया है। उत्तर में जो ये कह रहे हैं, वह तुमने सुन लिया है। अब इन्हें विश्वास दिलाने के लिए तुम्हीं को जो कुछ कहना हो, कहो।

शकुंतला : (स्वगत)

तब इनका कैसा अनुराग था और आज इनकी ऐसी बातें ! ऐसे में याद दिलाने से भी क्या होगा ? पर अपने पर से तो कलंक मुझे मिटाना ही चाहिए, इसलिए कुछ कह देती हूँ। (प्रकट) आर्यपुत्र...(फिर बात को बीच में ही रोककर) पर यह संबोधन इस समय संशयास्पद होगा।...पौरव, तब आश्रम में अपनी सद्भावपूर्ण बातों से मेरे हृदय को भुलाकर और शपथ के साथ तरह-तरह के आश्वासन देकर आज इस तरह के रूखे शब्दों से मुझे तिरस्कृत करना क्या आपको शोभा देता है ?

दुष्यंत : (कानों पर हाथ रखकर)

ऐसी बात सुनना भी पाप है।
तुम चाहती हो

कि इन बातों से
मेरे कुल को कलंकित करो
और मेरा नाम भी कीचड़ में घसीट लो ?
गँदली नदी
अपना तट तोड़कर
निर्मल जलधार को गँदला देती है
और
किनारे के पेड़ को गिरा देती है।

शकुंतला : अच्छा, यदि सचमुच आप मुझे पराई स्त्री समझकर ऐसा कह रहे हैं, तो मैं एक स्मृति-चिह्न दिखाकर आपकी आशंका दूर कर देती हूँ।

दुष्यंत : बहुत संगत बात है यह।

शकुंतला : (अंगुली में अँगूठी के स्थान को छूकर)
ओह ! अंगुली से अँगूठी कहाँ गिर गई ?

गौतमी : लगता है शक्रावतार में शची-तीर्थ जल की वंदना करते समय वह तेरी अंगुली से गिर गई है।

दुष्यंत : (मुसकराकर)
इसी को तो स्त्रियों की सूझ-बूझ कहा जाता है !

शकुंतला : यह तो भाग्य ने अपनी प्रभुता दिखाई है। मैं आपको और याद दिलाती हूँ।

दुष्यंत : अब तो हर बात सुननी ही होगी।

शकुंतला : वह एक दिन की बात है न...जब कमलिनी-पत्र के दोने में भरा पानी आप अपने हाथ में लिये थे...

दुष्यंत : हम सुन रहे हैं।

शकुंतला : तभी दीर्घापांग नामक मृगशावक, जिसे मैं अपने बच्चे की तरह मानती थी, हमारे पास चला आया था। वह पहले पानी पी ले, यह सोचकर आपने स्नेह से उसे पास बुलाना चाहा था। पर वह आपसे परिचित नहीं था, इसलिए वह पानी पीने आपके पास नहीं आया। फिर वही पानी मैंने हाथ में ले लिया तो वह पीने के लिए

मचलने लगा। तब आपने हँसकर कहा था कि सब लोग अपनों पर ही विश्वास करते हैं–तुम दोनों ही वनजीव हो न !

दुष्यंत : काम साधने के लिए ऐसी मीठी-मीठी और झूठी बातें कहकर केवल विषयासक्त व्यक्तियों को ही अपनी ओर खींचा जा सकता है।

गौतमी : देखिए, आप ऐसा नहीं कह सकते। तपोवन में पली यह लड़की छल-कपट की बात तो बिलकुल जानती भी नहीं।

दुष्यंत : बूढ़ी तपस्विनी !

बिना किसी के सिखाए
पशु-पक्षियों में भी
स्त्री
अपने अंदर से ही चतुराई सीख जाती है;
जिसे साथ
मनुष्य की बुद्धि भी मिली हो,
उसकी तो बात ही क्या !
कोयल को देखो,
जब तक
उसके बच्चे उड़ना नहीं सीखते,
तब तक वह उनका पोषण
दूसरे पक्षी से करती है।

शकुंतला : (रोषपूर्वक)

अनार्य, जैसा तुम्हारा अपना हृदय है, वैसा ही तुम हर एक का समझते हो ? घास-फूस से ढँके कुएँ की तरह तुम धर्म के बाने में अपनी वास्तविकता छिपाए हो। दूसरा कौन तुम्हारा अनुकरण कर सकता है ?

दुष्यंत : (स्वगत)

वन में रहने के कारण इसके क्रोध में विलास का स्पर्श नहीं है।

आँखें लाल हैं,

किंतु तिरछी होकर नहीं देखती :
वाणी में कठोरता है,
पर किसी तरह का उतार-चढ़ाव नहीं;
नीचे का होंठ
पूरा काँप रहा है,
जैसे कि वह शीत से पीड़ित हो;
और झुकी-झुकी भौंहें
एक साथ टेढ़ी होकर
जैसे एक ही स्थान पर स्तब्ध हो गई हैं।

फिर मुझे संशय में देखकर इसे जो क्रोध आ रहा है, उसमें किसी तरह का कपट भी नहीं लगता।

इसे लगता है
कि मैं कठोर-हृदय व्यक्ति हूँ
जो इसे भूल गया हूँ,
और इसके साथ अपना एकांत-प्रणय भी
स्वीकार नहीं कर रहा।
इससे इसकी आँखें लाल हो उठी हैं,
और भौंहें
तिरछी होकर ऐसे लग रही हैं
जैसे क्रोध में आकर
इसने कामदेव का धनुष
एक झटके से तोड़ दिया हो।

(प्रकट) देखो भद्रे, दुष्यंत के चरित्र को सब लोग जानते हैं। उसकी तो प्रजा में भी कोई ऐसा कार्य नहीं कर सकता।

शकुंतला : धर्म क्या है
और उसका पालन कैसे होता है,
इसके ज्ञाता और नियंता
आप ही लोग तो हैं।
लज्जा से झुकी रहती

स्त्रियाँ तो
इस संबंध में
कुछ भी नहीं जानतीं !

तो ठीक है, यह एक स्वेच्छाचारिणी वेश्या है जो आपके सामने आ खड़ी हुई !

गौतमी : बेटी, तू पुरुवंश का विश्वास करके एक ऐसे व्यक्ति के हाथ में जा पड़ी है जिसके मुँह में शहद है और हृदय में विष।

शकुंतला पल्ले से मुँह ढाँपकर रोने लगती है।

शार्ंगरव : निर्बाध स्वेच्छाचार इसी तरह तो मन को सालता है।

एकांत मिलन से पहले
अच्छी तरह व्यक्ति को जानना
आवश्यक है।
जिसके हृदय का पता न हो,
ऐसे व्यक्ति से किया स्नेह
बाद में
शत्रुता का रूप ले लेता है।

दुष्यंत : सुनिए तो ! हमसे कोई अपराध नहीं हुआ। आप इनकी बात पर विश्वास करके हम पर निराधार आक्षेप कर रहे हैं।

शार्ंगरव : (आवेश के साथ)

सुना आपने यह हीन उत्तर !

जिसने जीवन-भर
कभी सीखा ही नहीं
कि छल-कपट क्या है,
उसकी बात विश्वसनीय नहीं;
और जो एक विद्या समझकर
दूसरों को ठगने का अभ्यास करते हैं,
उनकी बात पर

विश्वास करना आवश्यक है !

दुष्यंत : अच्छा मान लिया कि हम ऐसे हैं और केवल आप ही लोग सत्यवादी हैं। पर इस बेचारी को धोखा देकर हमें मिलेगा क्या ?

शांर्गरव : अधःपतन होगा तुम्हारा।

दुष्यंत : पौरवों में से किसी का अधःपतन हो, यह बात विश्वास करने की नहीं।

शांर्गरव : अधिक कहने-सुनने में कुछ नहीं रखा है, राजा ! हमने गुरु के आदेश का पालन कर दिया है, और अब लौटकर जा रहे हैं।

यह तुम्हारी पत्नी है;
तुम इसे रखो या छोड़ दो,
यह तुम्हारी इच्छा पर है।
एक पति के रूप में
तुम्हारा
अपनी पत्नी पर
सब तरह का अधिकार है।

चलो गौतमी, तुम आगे-आगे चलो।

वे तीनों चल देते हैं।

शकुंतला : इस धूर्त ने मुझे धोखा दिया, और अब तुम लोग भी मुझे छोड़कर जा रहे हो ?

गौतमी : (रुककर और पीछे की ओर देखकर)
बेटा शांर्गरव, शकुंतला बिलखती हुई हमारे पीछे-पीछे आ रही है। पति ने निष्ठुर होकर उसका तिरस्कार कर दिया, अब यह बेचारी यहाँ क्या करेगी ?

शांर्गरव : (पीछे मुड़कर क्रोध के साथ)
अपराधिनी, यह अब तेरी कैसी स्वच्छंदता है ?

शकुंतला भय से काँपने लगती है।

तू यह जान ले शकुंतला कि—
यदि राजा की बात सच है

तो तेरे-जैसी कुल-कलंकिनी का क्या होगा,
हम नहीं जानते;
और यदि तू समझती है
कि तेरा आचरण पवित्र है
तो पति के घर में
दासी बनकर रहना भी
तुझे स्वीकार होना चाहिए।
इसलिए तू यहीं रुकी रह। हम लोग जा रहे हैं।

दुष्यंत : इस बेचारी को क्यों कोस रहे हो, तपस्वी ?

चाँद
कुमुदिनी को
और सूर्य
कमल को ही
खिला सकता है।
जिन्हें अपने पर संयम है,
वे पराई स्त्री के स्पर्श से
सदा विमुख रहते हैं।

शांर्गरव : राजा, यदि मान लिया जाए कि मानसिक संकुलता के कारण तुम इस बात को भूल गए हो, तो भी क्या पत्नी का परित्याग करने में तुम्हें पाप की आशंका नहीं है ?

दुष्यंत : (पुरोहित से)
अच्छा, आप बताएँ कि इसमें उचित और अनुचित का निर्णय कैसे हो ?

मेरा मन संकुल है
या यह झूठ कहती है,
इस संशय में
एक ओर पत्नी-परित्याग का
और दूसरी ओर
पराई स्त्री के स्पर्श का
दोष सिर पर आ सकता है।

पुरोहित : तो ऐसा किया जाय...

दुष्यंत : हाँ, बताएँ आपका क्या आदेश है ?

पुरोहित : ...कि प्रसव होने तक यह मेरे घर में रहे।

दुष्यंत : ऐसा क्यों ?

पुरोहित : कुछ अच्छे ज्योतिषी पहले ही आपको बता चुके हैं कि आपके चक्रवर्ती पुत्र होगा। यदि ऋषि का नाती उन लक्षणों से युक्त होगा तो आप आदरपूर्वक इसे अंतःपुर में रख लीजिएगा। न हुआ, तो इसका अपने पिता के यहाँ लौट जाना निश्चित है ही।

दुष्यंत : गुरु जैसा ठीक समझें।

पुरोहित : (उठकर)
बेटी, इधर मेरे पीछे-पीछे आओ।

शकुंतला रोती हुई पुरोहित, गौतमी और तपस्वियों के साथ चली जाती है। दुष्यंत, शाप के कारण स्मृतिहीन, शकुंतला के विषय में सोचता रहता है।

नेपथ्य से : आश्चर्य ! आश्चर्य !

दुष्यंत : (सुनकर)
यह क्या हुआ है ?

पुरोहित : (आकर विस्मित भाव से)
देव, एक बहुत ही विचित्र बात हुई है।

दुष्यंत : क्या बात ?

पुरोहित : जब कण्व के शिष्य चले गए तो–
अपने भाग्य को कोसती
वह बाला
बाँहें उठाकर
ज्योंही रोने लगी...

दुष्यंत : क्या हुआ तब ?

पुरोहित : ...त्योंही
आकाश से उतरी

एक नारी-रूप अप्सरा-सी ज्योति,
उसे गोदी में लेकर
हमारे सामने से
तिरोहित हो गई।

सभी विस्मित हो रहते हैं।

दुष्यंत : आचार्य, हमने तो पहले ही उसे अस्वीकार कर दिया था, अब व्यर्थ में कुछ भी सोचने से क्या लाभ ? आप जाकर विश्राम करें।

पुरोहित : विजयी रहो।

चला जाता है।

दुष्यंत : वेत्रवती, मन व्याकुल है। शयन-गृह का मार्ग दिखाओ।

प्रतीहारी : इधर से आएँ, देव !

दुष्यंत : (घूमकर, स्वगत)

मुनि-कन्या का तिरस्कार कर दिया;
कभी उसे
पत्नी-रूप में स्वीकार किया था,
यह स्मरण नहीं आता;
फिर भी
हृदय में एक गहरी पीड़ा है,
और न जाने क्यों
कहीं विश्वास-सा होता है
कि उसने जो कहा
वही सच था।

॥ अंक पाँच ॥

अंकावतार

नागरक श्याल और पीछे की ओर हाथ बाँधकर एक पुरुष को साथ लिये दो रक्षक आते हैं।

रक्षक : (पुरुष को मारते हुए)
बोल रे कुम्भिलक, यह बड़ी-बड़ी चमकती मणियोंवाली राजा की अँगूठी, जिस पर उनका नाम भी खुदा है, तूने कहाँ से ली ?

पुरुष : (भय का अभिनय करता है)
दया करो भाव-मिश्र, दया करो। ऐसा बुरा काम मैं कभी नहीं करता।

एक रक्षक : नहीं, तू तो पूज्य ब्राह्मण है न, जिसे राजा ने यह दान में दे दी है !

पुरुष : सुनिए तो। मैं शक्रावतार का रहनेवाला धीवर हूँ।

दूसरा रक्षक : अरे पाटच्चर, हम क्या तुझसे तेरी बस्ती का नाम और तेरा काम-काज पूछ रहे हैं ?

नागरक श्याल : सूचक, इसे पूरी बात क्रम से बताने दो। बीच में बाधा मत डालो।

दोनों रक्षक : जैसी बहनोई की आज्ञा। बोल रे अब !

धीवर : मेरे पास जाल, कँटिया और मछली पकड़ने का सब सामान है। उसी से मैं पेट पालता हूँ।

नागरक श्याल : (हँसकर)
कितनी पवित्र आजीविका है !

धीवर : स्वामी, ऐसा न कहें
कोई काम निंदित है,

इसीलिए
जो उस काम को करता आया हो,
वह उसे छोड़ नहीं देता।
बड़े-बड़े कोमल-हृदय ब्राह्मण भी
यज्ञ की वेदी पर
पशु-हिंसा का निष्ठुर काम
अपना धर्म समझकर करते हैं।

नागरक श्याल : अब तू आगे बता क्या हुआ ?

धीवर : एक दिन मैंने एक रोहित मछली पकड़ी। उसे काटकर टुकड़े किए। पेट में देखा, तो वहाँ यह बड़े-बड़े रत्नों वाली अँगूठी चमकती दिखाई दी। यहाँ उसे बेचने के लिए दिखाने लाया, तो इन लोगों ने मुझे पकड़ लिया। बस इतनी ही इसकी कहानी है। अब आप मुझे मार लें, चाहे कूट लें।

नागरक श्याल : (अँगूठी को सूँघकर)
जालुक, यह अँगूठी मछली के पेट में रही है, इसमें संदेह नहीं। इसमें से मांस की गंध आ रही है। अब इस आदमी ने जो कहानी बताई है, इसकी जाँच करनी होगी। इसके लिए आओ, राजभवन चलें।

दोनों रक्षक : (धीवर से)
चल रे गिरहकट, चल !

सब घूमते हैं।

नागरक श्याल : सूचक, तुम दोनों यहाँ ड्योढ़ी के द्वार पर सावधान होकर ठहरो और मेरी प्रतीक्षा करो। मैं अभी राजभवन के अंदर होकर आता हूँ।

दोनों रक्षक : हाँ बहनोई, आप अंदर जाकर स्वामी की कृपा प्राप्त करें।

नागरक श्याल घूमकर चला जाता है।

सूचक : जालुक, बहनोई ने बहुत देर कर दी।

जालुक : भई, राजाओं के पास अवसर देखकर जाना पड़ता है।

सूचक : और मेरे दोनों हाथ इस गिरहकट की हत्या के लिए अकुला रहे हैं।

धीवर : भाव, आप बिना कारण हत्यारे बनें, यह ठीक नहीं।

जालुक : (देखकर)

ये रहे हमारे स्वामी। राजा का आज्ञापत्र लेकर आ रहे हैं। अब या तो यह जाकर अपने घर के लोगों का मुँह देखेगा, या गीध और सियार इसका भोजन करेंगे।

नागरक श्याल : (आकर)

जल्दी से इस...

धीवर : (आधी बात सुनकर ही)

हाय, मैं मारा गया !

नागरक श्याल : ...जालजीवी को छोड़ दो। स्वामी ने कहा है कि अँगूठी मिलने का जो वृत्तांत इसने सुनाया है, वह ठीक है।

सूचक : जैसी बहनोई की आज्ञा। यह तो यम के घर से जीता लौट आया।

धीवर का बंधन खोलता है।

धीवर : स्वामी, मेरे प्राण आपने खरीद लिये हैं।

पैरों पर गिरता है।

नागरक श्याल : उठ, उठ, स्वामी ने तुझे अँगूठी के मूल्य का यह पारितोषिक दिया है। चल, ले-ले इसे।

एक कंगन उसे देता है।

धीवर : (कंगन लेकर और प्रणाम करके प्रसन्नतापूर्वक) बहुत कृपा है आपकी।

जालुक : राजा ने तो इस पर ऐसे कृपा की है जैसे किसी को सूली से उतारकर हाथी के कंधे पर बिठा दिया जाए !

सूचक : बहनोई, इस पारितोषिक से तो लगता है कि उस अँगूठी में बड़े-बड़े मूल्यवान रत्न लगे होंगे, जिससे स्वामी को वह बहुत प्रिय होगी।

नागरक श्याल : नहीं, मूल्यवान रत्नों के कारण वह स्वामी को प्रिय नहीं है। मुझे कुछ और ही कारण लगता है।

दोनों रक्षक : क्या कारण लगता है ?

नागरक श्याल : लगता है कि अँगूठी को देखकर स्वामी को किसी प्रिय व्यक्ति की याद हो आई है। वे स्वभाव से गंभीर हैं, फिर भी उसे देखते ही सहसा अव्यवस्थित हो उठे हैं।

सूचक : तो बहनोई, स्वामी को आप एक साथ प्रसन्न और चिंतित कर आए हैं।

जालुक : मैं तो कहता हूँ कि इस मछलीमार के कारण ही...

भौंहें तिरछी करके धीवर की ओर देखता है।

धीवर : भट्टारक, इस पारितोषिक का आधा मूल्य आपके मदिरापान के लिए होना चाहिए।

जालुक : अरे धीवर भाई ! अब तुम हमारे बहुत अच्छे और प्यारे मित्र बन गए ! मित्रता का आरंभ मदिरा की साक्षी में ही होना चाहिए। आओ, यहाँ से सीधे कलाल के यहाँ चलते हैं।

सब चले जाते हैं।

॥ अंकावतार ॥

अंक : छह

[राजभवन के अंतर्गत प्रमदवन]

विमान में बैठी मिश्रकेशी का प्रवेश।

मिश्रकेशी : अप्सराओं ने जिन-जिन कार्यों के लिए संदेश दिए थे, वे सब तो मैंने पूरे कर लिये। अब स्वामी कुबेर के स्नान का समय होने से पहले यहाँ से राजर्षि दुष्यंत का समाचार भी जान लूँ। मेनका के संबंध से शकुंतला अब मेरे लिए अपने ही शरीर की तरह है और लड़की का ध्यान रखते हुए मेनका ने यहाँ के समाचार जानने को कहा भी था। (चारों ओर देखकर) क्या बात है—उत्सव का दिन होने पर भी राजभवन में उसकी कोई हलचल दिखाई नहीं दे रही ! यूँ तो मैं समाधि से ही सबकुछ जान सकती हूँ, परंतु मेनका चाहती थी कि मैं सबकुछ प्रत्यक्ष देखकर आऊँ ? इसलिए उसके अनुरोध की रक्षा मुझे करनी है। तो तिरस्करिणी विद्या से अपने को अदृश्य करके यहाँ उद्यान-रक्षकों के समीप खड़ी हो रहती हूँ। यहीं से मुझे सब पता चल जाएगा।

विमान से उतरने का अभिनय करके एक ओर खड़ी हो जाती है। तभी आम की मंजरियों को देखती हुई एक चेटी और उसके पीछे-पीछे दूसरी चेटी आती है।

पहली चेटी : कितना खिला हुआ है वसंत !

आम की मंजरियाँ,
जिनके वृंत
हरे और हल्के ताँबई रंग के हैं,
और जो

इस अवसर के मंगल-उपकरणों की तरह हैं,
इस समय ऐसी लग रही हैं
जैसे
नए वसंत का
यह पहला उच्छ्वास हों।

दूसरी चेटी : तू अकेली मन-ही-मन क्या बात कर रही है, परभृतिका ?

परभृतिका : तू जानती नहीं, मधुकरिका, कि आम की कलियों को देखकर परभृतिका पागल हो उठती है ?

मधुकरिका : (जल्दी से पास आकर सहर्ष)
तो वसंत खिल आया ?

परभृतिका : हाँ, तू मधुकरिका है, तेरे लिए भी तो यह उन्मत्त होकर गीत गाने का समय है।

मधुकरिका : तू मुझे सहारा दे, तो मैं पंजों के बल खड़ी होकर आम की एक मंजरी तोड़ लूँ। उससे कामदेव की अर्चना करूँगी।

परभृतिका : ऐसा है, तो अर्चना का आधा फल मेरे लिए।

मधुकरिका : वह तो बिना कहे ही तुझे मिल जाता। प्रजापति ने एक शरीर के दो भाग करके ही तो हमें बनाया है। (परभृतिका के सहारे से आम की मंजरी तोड़कर) अभी ठीक से खिली नहीं यह मंजरी, फिर भी वृंत से टूटते ही देख इसने कैसी सुगंध फैला दी ! जय हो भगवन् कामदेव की। (अंजलि बाँधकर)

जाओ आम्रमुकुल,
मेरे हाथ से छूटकर
तुम
धनुष चढ़ाए कामदेव के
पाँच बाणों में से एक बाण बन जाओ,
और पथिकों के वियोग में व्याकुल
प्रतीक्षा करती नवयुवितयों को
अपना लक्ष्य बनाओ।

कंचुकी : (बिना पट-परिवर्तन के प्रवेश करके क्रोध के साथ) यह तुम क्या कर रही हो, नासमझ लड़की ? देव ने वसंतोत्सव रोक दिया है, फिर भी तुम आम की मंजरियाँ तोड़ रही हो ?

परभृतिका
मधुकरिका : (भयभीत होकर)
क्षमा करें, आर्य ! हमें इसका पता नहीं था।

कंचुकी : तुमने सुना नहीं कि देव की आज्ञा का पालन स्वयं वृक्षों और उन पर आश्रित पक्षियों तक ने किया है ?

आम की कलियाँ
बहुत दिन से निकली हैं,
फिर भी अभी तक
उन पर पराग नहीं आया;
कुरुबक की कोंपलें
कब से फूटी हैं,
पर अभी तक वे
वैसी कोंपलें ही बनी हैं;
शिशिर बीत गया है,
फिर भी युवा कोयलों का संगीत
उनके कंठों में ही रुँधा है;
और लगता है
कि स्वयं काम भी
अपने तूणीर से आधा निकला बाण
जहाँ-का-तहाँ रोके
चकित-सा खड़ा देख रहा है।

मिश्रकेशी : राजर्षि का बहुत प्रभाव है, इसमें संदेह नहीं।

परभृतिका : आर्य, कुछ ही दिन पहले नगरपाल मित्रावसु ने प्रमदवन में चित्र-रचना के लिए हमें यहाँ स्वामी के चरणों में भेजा था। हम यहाँ नई आई हैं, इसीलिए यह समाचार हमने पहले नहीं सुना।

कंचुकी : तो अब इसके बाद ऐसा मत करना।

परभृतिका
मधुकरिका : आर्य, यदि बताना अनुचित न हो, तो हम जानना चाहेंगी कि स्वामी ने इस बार वसंतोत्सव रोक क्यों दिया है ?

मिश्रकेशी : राजाओं को तो उत्सव बहुत प्रिय होते हैं, इसलिए इसका कोई बहुत ही बड़ा कारण होना चाहिए।

कंचुकी : (स्वगत)
अब तक यह बात बहुत-से लोग जान गए हैं। तो क्यों न इन्हें भी बता दूँ ? (प्रकट) शकुंतला के तिरस्कार का लोकापवाद आप लोगों ने सुना है ?

परभृतिका
मधुकरिका : नगरपाल के मुँह से हमने अँगूठी मिलने तक का वृत्तांत सुना है।

कंचुकी : तब तो थोड़ी ही बात बतानी होगी। अँगूठी देखकर जब से देव को स्मरण हो आया है कि आर्या शकुंतला से सचमुच उन्होंने एकांत में विवाह किया था, तब से ही मोहवश आर्या का तिरस्कार करने के लिए उन्हें बहुत पश्चात्ताप हो रहा है। अब–

सौंदर्य के उपादानों से वे
खीझ उठते हैं,
और पहले की तरह
परिचारकों की सेवा
स्वीकार नहीं कर पाते।
शय्या पर करवटें बदलते
उनकी सारी-सारी रात
आँखों में ही बीत जाती है।
अंतःपुर में
चेष्टा करते हैं
कि बातों के उत्तर सावधानी से दें,
पर अनजाने में

किसी की भी जगह
मुँह से शकुंतला का नाम निकल जाने से
देर-देर तक वे
लज्जा से सिर झुकाए
चुपचाप बैठे रहते हैं।

मिश्रकेशी : कितना अच्छा लग रहा है यह सुनकर !

कंचुकी : इसीलिए, मन बहुत अस्थिर होने से, उत्सव का आयोजन उन्होंने रोक दिया है।

नेपथ्य से : इधर से आइए देव, इधर से !

कंचुकी : (सुनकर)
अरे ! देव तो इधर ही को आ रहे हैं। तो तुम लोग अब चलकर अपना काम करो।

परभृतिका
मधुकरिका : हम जा रही हैं।

चली जाती हैं। पश्चात्ताप की स्थिति के अनुकूल वेश में दुष्यंत का प्रवेश। साथ में विदूषक और प्रतीहारी हैं।

कंचुकी : (राजा को देखकर)
किसी भी स्थिति में विशिष्ट आकृति के व्यक्ति के सौंदर्य में अंतर नहीं आता। इस समय मन संतप्त होने पर भी ये देखने में कितने अच्छे लग रहे हैं !

और सब अलंकरणों का परित्याग करके
केवल एक ही ढीला-सा सोने का वलय
हाथ में पहन रखा है;
होंठों की लाली
उसाँसों से फीकी पड़ गई है;
और आँखों में,
निरंतर जगते रहने से
चिंता के लाल डोरे उभर आए हैं।
पर इस पर भी,

अपने आंतरिक तेज के कारण,
सान पर घिसे महारत्न की तरह,
इनकी क्षीणता
लक्षित नहीं होती।

मिश्रकेशी : (राजा को देखकर)
अपमान और परित्याग की वेदना सहकर भी शकुंतला ठीक ही इनके लिए दुःखी रहती है।

दुष्यंत : (चिंता-भाव से धीरे-धीरे घूमकर)

उस हरिणाक्षी ने
तब इसे जगाना चाहा,
तो भी यह हृदय सोया रहा;
और अब,
जैसे पश्चात्ताप का दुःख सहने के लिए ही,
यह अभागा
जाग उठा है।

मिश्रकेशी : उस बेचारी का भाग्य ही ऐसा है।

विदूषक : (अपने से)
लो, अब फिर से वही शकुंतला नाम की हवा इन्हें छू गई ! अब जाने कैसे इसका उपचार होगा ?

कंचुकी : (पास आकर)
देव की जय हो। देव, प्रमदवन के सभी स्थान मैंने देख लिये हैं। आप अपनी रुचि से, जिस किसी विनोद-स्थान पर चाहें आसन ग्रहण कर सकते हैं।

दुष्यंत : वेत्रवती, तुम जाकर हमारी ओर से अमात्य पिशुन से कह दो कि देर से जागने के कारण आज हम धर्मासन पर न बैठ सकेंगे। उन्होंने नगर का जो भी कार्य देख रखा हो, वह एक पत्र में लिखकर हमारे पास भेज दें।

प्रतीहारी : जैसी देव की आज्ञा।

चली जाती है।

दुष्यंत : पार्वतायन, तुम भी अब अपने कार्य-स्थान पर जाओ !

कंचुकी : जैसी देव की आज्ञा।

चला जाता है।

विदूषक : सबको आपने भगा दिया। शिशिर बीत जाने से प्रमदवन बहुत रमणीय हो रहा है। अब आप यहाँ अपना मन बहलाएँ।

दुष्यंत : (निःश्वास छोड़कर)

मित्र, कहते हैं कि एक विपत्ति के साथ सौ-सौ विपत्तियाँ और चली आती हैं। यह बात कितनी सच है ! देखो न—

इधर
वह अँधेरा मन से दूर हुआ,
जिसके आवरण में
मुनि-कन्या के प्रणय की स्मृति
खो गई थी, और उधर
कामदेव ने
प्रहार करने के लिए
अपने धनुष पर
आम की मंजरियों का बाण चढ़ा लिया।
इधर
अँगूठी को देखकर स्मृति लौटी
और मन
प्रिया का
अकारण अनादर करने के दुःख से रो उठा
और उधर
इसे और व्याकुल करने के लिए
नए वसंत की नई सुगंध
उड़कर पास आने लगी।

विदूषक : तुम ठहरो मित्र, मैं अभी अपने डंडे से कामदेव के इन बाणों का नाश करता हूँ।

डंडा उठाकर आम की मंजरियों पर प्रहार करने लगता है।

दुष्यंत : (मुसकराकर)
रहने दो, मैंने तुम्हारा ब्रह्मतेज देख लिया है। बताओ, अब कहाँ बैठें जहाँ उस रूपसी जैसी कोमल लताओं में घिरकर आँखों को थोड़ा सुख दिया जा सके।

विदूषक : आपने अपनी उस निकट परिचारिका से, जो बहुत मेधाविनी और रेखांकन में कुशल है, कहा था कि आप यह समय माधवीलता-भवन में बिताएँगे; इसलिए वह आर्या शकुंतला की चित्रकृति, जो आपने चित्रफलक पर अपने हाथ से बनाई है, लेकर वहीं आ जाय।

दुष्यंत : अरे, हाँ ! अब हृदय के लिए इतना ही तो आश्वासन रह गया है। तो चलो, माधवीलता-भवन का मार्ग दिखाओ।

विदूषक : आइए, इधर से आइए।

दोनों पीछे घूमते हैं।
मिश्रकेशी उनके
पीछे-पीछे जाती है।

विदूषक : यह रहा मणिशिलाओं से युक्त माधवीलता-मंडप। अपने सहज एकांत, फूलों की रमणीयता और भीनी हवा से यह जैसे स्वागत-संकेत देकर आपको बुला रहा है। आइए, इसके अंदर चलकर बैठिए।

दोनों मंडप के अंदर जाकर बैठ जाते हैं।

मिश्रकेशी : यहाँ लताओं में छिपकर देखती हूँ कि शकुंतला की चित्रकृति इन्होंने कैसी बनाई है। जाकर उसे बताऊँगी कि पति के मन में उसके लिए कितना मान और अनुराग है।

छिपकर खड़ी हो जाती है।

दुष्यंत : (निःश्वास छोड़कर)
शकुंतला से पहली बार मिलने से लेकर वह सारा वृत्तांत अब मुझे याद आ रहा है। तब वह सब मैंने तुम्हें बताया भी था। उस समय जब मैंने उसका अनादर किया, तुम पास में नहीं थे। पर पहले भी कभी तुमने मेरे सामने

उसका नाम नहीं लिया। क्या मेरी तरह तुम भी उसे भूल गए थे ?

मिश्रकेशी : इसीलिए तो कहते हैं कि राजाओं को क्षण-भर के लिए भी अपने सहायक मित्रों को अपने से दूर नहीं करना चाहिए।

विदूषक : मैं भूला नहीं था, पर सारी बात बताकर अंत में चलते समय आपने यह भी तो कहा था कि वह सब हँसी की बात है, मैं कहीं उसे सच न मान लूँ। मैंने मूर्खतावश यही समझा कि आप ऐसा कह रहे हैं, तो ऐसा ही होगा। और जब होनी ही ऐसी थी, तो उसमें कोई कर ही क्या सकता था ?

मिश्रकेशी : हाँ, ठीक ही तो कह रहा है यह।

दुष्यंत : (पल-भर सोचता रहकर)
अब किसी तरह मुझे बचाओ, मित्र !

विदूषक : मेरी समझ में नहीं आता कि आपको यह हो क्या रहा है ? भले आदमी कभी भी इस तरह शोक से व्याकुल नहीं होते। कितनी भी आँधी चले, पहाड़ अपनी जगह पर टिके रहते हैं।

दुष्यंत : मित्र, जब यह सोचता हूँ कि मेरे तिरस्कार कर देने से उसके मन को कितना धक्का लगा होगा, और तब से उसकी क्या दशा होगी, तो अपना-आप मुझे बहुत असह्य-सा लगने लगता है।

मेरे तिरस्कार कर देने पर
वह बेचारी
अपने बंधुओं के पीछे-पीछे जाने को हुई,
तो उधर से
गुरु के समान उसके गुरु-शिष्य ने
ऊँचे स्वर में
उसे पीछे जाने से रोक दिया।
ऐसे में

मेरी क्रूरता को उलाहना देती,
ढुलते आँसुओं से रुँधी दृष्टि से
उसने जैसे मेरी ओर देखा,
उसे याद करके
एक विष-बुझा बाण
हृदय में गड़ जाता है।

मिश्रकेशी : ओह ! इनकी यह विवशता मेरे हृदय को भी कितना संतप्त कर रही है !

विदूषक : मित्र, मेरे मन में एक आशंका उठ रही है। वह कौन आकाश-चारी जीव था जो उसे यहाँ से उठा ले गया था ?

दुष्यंत : उस पतिव्रता को कोई और छू भी सकता है ? उसका जन्म मेनका के गर्भ से हुआ था, ऐसा उसकी सखियों से मैंने सुना था। मुझे लगता है या तो वही उसे उठा ले गई होगी, या उसकी कोई सहचरी।

मिश्रकेशी : इस व्याकुल मनःस्थिति में भी इनका इस तरह सचेत भाव से सोच सकना आश्चर्यजनक है।

विदूषक : यदि ऐसा है तो आपको आश्वासन रखना चाहिए कि कुछ ही समय में आपकी अवश्य उनसे भेंट होगी।

दुष्यंत : यह तुम कैसे कहते हो ?

विदूषक : बेटी का पति-वियोग का दुःख माता-पिता से बहुत दिनों तक नहीं देखा जाता।

दुष्यंत :
मित्र,
उससे मिलन
जाने एक सपना था,
या माया;
या जाने
अपनी ही मति का एक विभ्रम था,
या पहले के पुण्यों का कोई फल।
वह बीता समय
अब कभी लौटकर नहीं आएगा,

और आज की अभिलाषाएँ
शिखर से ढुलते झरने की तरह
नीचे गिरकर छितरा जाएँगी।

विदूषक : ऐसा नहीं होगा मित्र ! अँगूठी का मिलना अपने में ही इसका प्रमाण है। जो होना हो, वह कैसे हो जाएगा, यह कभी सोचा भी नहीं जा सकता।

दुष्यंत : (अँगूठी को देखकर)
इसे देखकर भी दया आती है कि कैसे दुर्लभ स्थान तक पहुँचकर यह नीचे गिरी है !

तुम्हारा गिरना
प्रमाण है अंगुलीय,
कि तुम्हारे पुण्यों की मात्रा
बहुत क्षीण थी !
अन्यथा,
लाल-लाल नखों से चमकती
उसकी अंगुलियों तक पहुँचकर
उनसे तुम्हें
इस तरह गिरना न पड़ता।

मिश्रकेशी : यह किसी और के हाथ में जा पड़ती, तब तो सचमुच इस पर दया आती। तुम यहाँ नहीं हो शकुंतला, इसलिए यह सब सुनने का सुख अकेला मुझी को मिल रहा है।

विदूषक : अच्छा एक बात बताएँ। आपने यह अँगूठी उसके हाथ में पहनाई किस उद्‌देश्य से थी ?

मिश्रकेशी : यह बात पूछकर इसने मेरे मन में भी उत्सुकता भर दी है।

दुष्यंत : जब मैं तपोवन से नगर के लिए चलने लगा, तो उसने आँखों में आँसू भरकर मुझसे पूछा था, 'अब आर्यपुत्र कितने दिनों में मुझे याद करेंगे ?'

विदूषक : फिर ?

दुष्यंत : तब यह अँगूठी उसकी अंगुली में पहनाकर मैंने उत्तर दिया था...

विदूषक : क्या उत्तर दिया था ?

दुष्यंत : ...कि

इसमें
मेरे नाम के जितने अक्षर हैं,
उनमें से
एक-एक अक्षर
एक-एक दिन में तुम गिना करना।
इस तरह
जब तक तुम नाम के अंत तक पहुँचो,
उससे पहले ही
मेरे अंतःपुर का कोई व्यक्ति
मेरा आदेश लेकर
तुम्हें लिवा ले जाने के लिए
यहाँ पहुँच जाएगा।

पर ऐसा निष्ठुर हूँ कि अपने वचन का पालन मैंने किया नहीं।

मिश्रकेशी : जीवन का कितना सुंदर समय था जो भाग्यवश इनके विपरीत हो गया।

विदूषक : पर कँटिया पर लगे चारे की तरह यह अँगूठी उस रोहित मछली के पेट में कैसे जा पहुँची।

दुष्यंत : शची-तीर्थ में जल की वंदना करते समय यह उसकी अंगुली से गंगा की धारा में जा गिरी थी।

विदूषक : अब बात समझ में आई।

मिश्रकेशी : तो इसलिए, पाप से दूर रहनेवाले इस राजर्षि को बेचारी शकुंतला से अपने विवाह की बात पर संदेह हुआ ! पर जहाँ इतना अनुराग हो, वहाँ स्मृति-चिह्न की तो अपेक्षा ही नहीं रह जाती। फिर ऐसा हुआ क्योंकर ?

दुष्यंत : इसलिए मैं इस अँगूठी को ही दोष देता हूँ।

विदूषक : यह तो उसी तरह हुआ जैसे मैं अपने डंडे को दोष देने लगूँ कि मैं इतना सीधा हूँ और यह इतना टेढ़ा है !

दुष्यंत : अंगुलीय,
उसकी अंगुलियों के कोमल पोर छोड़कर
पानी में डूबते
तुमसे बना कैसे ?
पर
तुम तो अचेतन हो
इसलिए
उसके गुणों को न पहचान सकीं,
मुझे यह पूछना अपने से चाहिए
कि मुझसे
उसका तिरस्कार कैसे किया जा सका ?

मिश्रकेशी : जो मैं कहना चाहती थी, वह इन्होंने स्वयं ही कह दिया।

विदूषक : लगता है आज मुझे भूखों मरना पड़ेगा।

दुष्यंत : (उसकी बात की ओर ध्यान न देकर)
मैंने अकारण तुम्हारा परित्याग किया, शकुंतला, इसलिए हृदय पश्चात्ताप से जल रहा है। तुम मुझ पर दया करो और फिर एक बार मुझे अवसर दो कि मैं तुम्हारा साक्षात्कार कर सकूँ।

चेटी चित्रफलक लिये हुए आती है।

चेटी : (चित्रफलक दिखाकर)
स्वामी, ये रहीं आर्या--इस चित्रफलक में।

दुष्यंत : (देखकर)
ओह ! चित्र में भी इसका रूप कितना सुंदर है !
कोरों तक फैली
बड़ी-बड़ी आँखें
और कौतुक से काँपती
पतली भौंहें;
उजले दाँतों में फूटती
हँसी की चाँदनी,
निचले होंठ को

अपनी किरणों से ढाँपती हुई,
लाल-लाल बेरों-जैसे
होंठों की एक अपनी चमक,
और भावोद्रेक के कारण
मुँह पर आई पसीने की झिलमिल जालियाँ;—
यह जानते हुए भी
कि सामने की आकृति
वह स्वयं नहीं
केवल उसका चित्र है,
यूँ लगता है
जैसे अभी-अभी
यह मुँह खोलेगी
और मुझसे बात करेगी।

विदूषक : (देखकर)
सच मित्र, तुमने आर्या का भाव ऐसे सजीव रूप में अंकित किया है कि मेरी आँखें इसके छिपे अंगों पर टिक ही नहीं पातीं। इस भ्रम में कि सचमुच इसमें प्राण-संचार हो गया है, मन होता है कि इससे बात करने लगूँ।

मिश्रकेशी : सच, ये राजर्षि तूलिका से रेखांकन करने में कितने निपुण हैं ! यही लगता है जैसे स्वयं शकुंतला मेरे सामने खड़ी हो।

दुष्यंत :
अपने अनुबंधों से
चित्रकार
रूप की किसी भी असंगति को
संगति में बदल देता है;
परंतु
मेरा सारा प्रयत्न
उसके रूप को
बस अंश मात्र ही
चित्रित कर पाया है।

किंतु,
समतल फलक पर भी
उसके स्तनों का उठार,
नाभि की गहराई,
और त्रिवली का लहरिया देखकर
और दिनों के तैल-प्रयोग से चिकने
अंगों की कोमलता का आभास पाकर,
ऐसे लग रहा है
जैसे वह स्वयं,
मुसकराती हुई
अधमुँदी आँखों से
मेरी ओर देख रही है,
और अभी-अभी
मुझसे कुछ कहने जा रही है।

मिश्रकेशी : पश्चात्ताप मन में इतना अनुराग बढ़ा देता है कि सचमुच व्यक्ति को ऐसे ही लगने लगता है।

दुष्यंत : (निःश्वास छोड़कर)
वह स्वयं सामने थी,
तो मैंने उसका तिरस्कार कर दिया,
पर आज
उसके चित्र को ही
अपने लिए सबकुछ मान रहा हूँ !
रास्ता चलते
मुझे भरी हुई नदी मिली,
तो मैं उसके पास से निकल आया,
और इस समय
सामने एक मृगतृष्णा देखकर
उसी से प्यास बुझाने के लिए
व्याकुल हो रहा हूँ।

विदूषक : अच्छा मित्र, इस चित्र में ये तीन आकृतियाँ हैं न ! देखने

में तो ये सभी सुंदर जान पड़ती हैं, इनमें से शकुंतला कौन-सी है ?

मिश्रकेशी : इसने शकुंतला को प्रत्यक्ष नहीं देखा इसलिए उसके रूप से अपरिचित इसकी आँखें व्यर्थ ही हैं !

दुष्यंत : तुम बताओ, तुम्हें इनमें से कौन-सी शकुंतला जान पड़ती है?

विदूषक : (अच्छी तरह से देखकर)
मेरे विचार में यह शकुंतला है जिसने एक हाथ से अपने खुले केश सँभाल रखे हैं जिनसे फूल नीचे गिर गए हैं; जिसके चेहरे पर पसीने की मोटी-मोटी बूँदें हैं और कंधे झुके रहने से जिसकी बाँहें शिथिल-सी दिखाई पड़ रही हैं; जिसके वस्त्र की गाँठ कुछ ढीली-सी है और जो थकी-थकी-सी इस छोटे-से आम के पेड़ के पास खड़ी है जिसकी पत्तियाँ सींचने के बाद चिकनी हो उठी हैं। शेष दोनों उसकी सखियाँ हैं।

दुष्यंत : तुम पहचानने में बहुत निपुण हो। इस आकृति पर मेरी भावना के चिह्न भी तुम देख सकते हो।

मेरी अंगुलियों के पसीने से
इसके छोर की रेखाएँ
मैली पड़ गई हैं,
और कपोल का यह उभरा-उभरा रंग
मेरी आँख से गिरा एक आँसू है।

(चेटी से) चतुरिका, चित्र में इनके विनोद-स्थान का हमने अभी अधूरा ही अंकन किया है। तुम जाकर हमारी तूलिकाएँ ले आओ।

चतुरिका : आर्य माधव्य, मेरे आने तक आप ज़रा इस चित्रफलक को पकड़े रहिए।

दुष्यंत : मैं पकड़े रहूँगा।

वैसा ही करता है। चतुरिका चली जाती है।

विदूषक : अब इसमें और क्या चित्रित करना है ?

मिश्रकेशी : लगता है, जो-जो प्रदेश शकुंतला को प्रिय रहे हैं, उन्हीं को ये चित्रित करना चाहते हैं।

दुष्यंत : सुनो, मित्र !

अंकित करूँगा अभी
वह नदी मालिनी
जिसके रेतीले तटों पर
हंसों के जोड़े किलोल करते हैं;
और उसके चारों ओर
हिमालय के पावन निम्नभाग
जहाँ चामर हरिणों के आवास हैं।
उसके बाद अंकित
एक वृक्ष
जिसकी शाखाओं से वल्कल लटक रहे होंगे
और उसके नीचे
काले हरिण की बाईं आँख के पास
धीरे-धीरे अपने सींग से खुजलाती
एक भोली-सी हरिणी।

विदूषक : (स्वगत)

इन बातों से तो लगता है कि आसपास लंबी-लंबी दाढ़ियों वाले कई एक वल्कलधारी तपस्वी बनाकर ये इस चित्र को पूरे करेंगे ?

दुष्यंत : और मित्र, शकुंतला के कुछ और प्रसाधन भी होने चाहिए जिन्हें चित्रित करना हम भूल गए हैं।

विदूषक : क्या प्रसाधन हैं वे ?

मिश्रकेशी : शकुंतला के वन-जीवन और कौमार्य भाव के अनुरूप ही कोई प्रसाधन होंगे।

दुष्यंत :

अभी अंकित नहीं किया
वह शिरीष का फूल
जो उसके कानों से लटककर

उसके गालों को सहलाया करता था;
और न ही वह मृणाल-सूत्र
जो उसके स्तनों के अंतर्भाग में
शरत्कालीय चंद्रमा की
एक कोमल किरण की तरह पड़ा रहता था।

विदूषक : यह क्या है...यह बेचारी अपने रक्त-कमल जैसे कोमल हाथ से मुँह छिपाए इस तरह व्याकुल-सी क्यों लग रही है ? (अच्छी तरह देखकर) हो हो हो हो हो ! यह फूलों के रस का चोर, दासी का बेटा, दुष्ट भौंरा इसके मुख-कमल का रसपान करना चाहता है !

दुष्यंत : अरे, हटाओ न इस ढीठ को !

विदूषक : दुष्टों के शासक आप हैं, इसलिए आप ही इसे हटा सकते हैं।

दुष्यंत : तुम ठीक कहते हो। सुन रे फूलों की बेल के प्रिय अतिथि, तू क्यों व्यर्थ ही इसके पास आकर दुःख और खेद का अनुभव कर रहा है ?

उधर देख,
उस फूल पर बैठी भौंरी
प्यासी होते हुए भी
तेरे अनुराग के कारण
अकेली रसपान नहीं कर रही;
वह राह देख रही है
कि कब तू
लौटकर उधर आए,
और वह तेरे साथ मिलकर
रसपान आरंभ करे।

मिश्रकेशी : कैसे रोक रहे हैं उस बेचारे को !

विदूषक : मित्र, यह जाति ही ऐसी है कि रोकने से रुकती नहीं।

दुष्यंत : (क्रोध के साथ)
अच्छा तो तू मेरा शासन नहीं मानता ? सुन मधुकर,

मैंने भी
रति के समय
नए-नए
और अधखिले पेड़ की पत्तियों जैसे
उसके होंठों का रसपान
कोमल भाव से ही किया है;
तू यदि उसके बिंबाधर पर
निर्दय दंश करेगा,
तो मैं अभी तुझे
कमल-कोष में बंदी कर दूँगा।

विदूषक : हाँ, ऐसा कड़ा दंड दोगे, तो कैसे नहीं डरेगा ? (हँसकर स्वगत) इन पर तो पागलपन छाया ही है, साथ मेरा भी वही हाल हो रहा है।

दुष्यंत : अरे ! मैं इसे हटा रहा हूँ, और यह फिर भी यहाँ से नहीं टल रहा ?

मिश्रकेशी : गंभीर-से-गंभीर व्यक्ति भी प्रेम में पड़कर कैसे पागल हो उठता है !

विदूषक : (प्रकट)
मित्र, यह तो केवल चित्र है।

दुष्यंत : चित्र है ?

मिश्रकेशी : मुझे भी अब तक यह जैसे वास्तविक-सा लग रहा था; फिर इनकी तो बात ही क्या जो इस समय जी ही अपनी कल्पना में रहे हैं।

दुष्यंत : यह कैसी सूझ-बूझ है तुम्हारी !
मेरा तन्मय हृदय,
जैसे सचमुच उसे सामने पाकर
सुख का अनुभव कर रहा था,
कि तुमने सहसा
मुझे याद दिलाकर
फिर से प्रिया को

केवल एक चित्र बना दिया !

आँखों में आँसू भर आते हैं।

मिश्रकेशी : विरह का एक अपना ही मार्ग है जिसमें किसी पूर्वापर संबंध का विचार नहीं रहता।

दुष्यंत : मित्र, क्यों मुझे ऐसे निरंतर दुःख सहना पड़ रहा है ?

हर समय जागते रहने से
स्वप्न में भी
उससे मिलना संभव नहीं,
और उसका चित्र सामने है, तो
उमड़ते आँसू
इसे भी ठीक से देखने नहीं देते।

मिश्रकेशी : शकुंतला की सखी के सामने यह कहकर उसके तिरस्कार का दुःख आपने दूर कर दिया।

चतुरिका : (आकर)

स्वामी की जय हो ! स्वामी, तूलिकाओं की पिटारी लेकर जब मैं इधर आने लगी...

दुष्यंत : तो क्या हुआ ?

चतुरिका : ...तो पिंगलिका ने यह बात देवी वसुमती को बता दी। देवी वसुमती ने यह कहकर कि 'मैं स्वयं इसे आर्यपुत्र के पास ले जाऊँगी,' पिटारी मेरे हाथ से छीन ली।

विदूषक : और तू कैसे बच आई ?

चतुरिका : देवी के उत्तरीय का आँचल एक पेड़ की बेल में उलझ गया था। पिंगलिका अभी उसे छुड़ा ही रही थी कि मैं झट से एक ओर छिपकर निकल आई।

दुष्यंत : देवी वसुमती अब इधर ही आ रही होंगी, मित्र ! वे बहुत मान और गर्व में हैं, इसलिए इस चित्र की रक्षा अब तुम्हीं को करनी है।

विदूषक : साथ अपनी भी रक्षा करनी है, यह भी कहो न ! (चित्र सँभालकर उठता हुआ) यदि अंतःपुर के कूटजाल से किसी तरह छुटकारा पा जाओ तो मेघच्छन्न प्रासाद में

आकर मुझे पुकार लेना। चित्र को मैं ऐसी जगह छिपाकर रखूँगा कि सिवाय कबूतरों के किसी को इसकी टोह तक न मिलेगी।

जल्दी से चला जाता है।

मिश्रकेशी : कितना स्थायी है इनका प्रेम ! हृदय में किसी और के लिए भावना है, फिर भी ये अपने पहले प्रणय का भी उतना ही आदर करते हैं।

पत्र हाथ में लिये वेत्रवती का प्रवेश।

प्रतीहारी : देव की जय हो !

दुष्यंत : क्यों वेत्रवती, आते हुए रास्ते में तुमने देवी वसुमती को तो नहीं देखा ?

प्रतीहारी : देखा है, देव ! पर मुझे यह पत्र लिये आते देखकर वे लौट गई हैं।

दुष्यंत : देवी राज-कार्यों के महत्त्व को समझती हैं, कभी मेरे किसी कार्य में बाधा नहीं डालतीं।

प्रतीहारी : देव, अमात्य ने निवेदन किया है कि आज राज-कार्य बहुत है, इसलिए वे प्रजा का ही कार्य देख पाए हैं। वह उन्होंने इस पत्र में लिख दिया है जिससे आप अपना निर्णय दे सकें।

दुष्यंत : दिखाओ पत्र मुझे।

प्रतीहारी पत्र पास ले आती है।

(पढ़ता हुआ) देवचरणों में निवेदन है कि धनवृद्धि नाम का वणिक, जो पानी के रास्ते वस्तुओं के यातायात का व्यवसाय करता था, नाव डूब जाने से परलोक सिधार गया है। उसके कोई संतान नहीं है और वह कई करोड़ का धन पीछे छोड़ गया है। वह सारा धन अब राजकोष में आना चाहिए—आगे जैसे देव आदेश दें। (खेदपूर्वक) संतान का न होना कितने दुःख की बात है। पर वेत्रवती, इतने धनवान व्यक्ति की तो कई पत्नियाँ होनी चाहिए। पता करो कि उसकी कोई पत्नी गर्भवती तो नहीं है ?

प्रतीहारी : अभी-अभी साकेतपुर के एक श्रेष्ठी की बेटी का पुंसवन-संस्कार हुआ है जो कि सुना है उसकी पत्नी है।

दुष्यंत : तो वह गर्भस्थित शिशु अपने पिता के धन का अधिकारी है। यह जाकर तुम अमात्य से कह दो।

प्रतीहारी : जैसी देव की आज्ञा।

चल देती है।

दुष्यंत : और सुनो...

प्रतीहारी : (लौटकर)
आदेश दें।

दुष्यंत : किसी के संतान है या नहीं, इस वितर्क में पड़ने की आवश्यकता नहीं।

घोषण कर दो
कि इस राज्य में
प्रजा के किसी भी व्यक्ति का
किसी भी बंधु से वियोग हो,
तो पाप-परक संबंधों को छोड़कर
और सब संबंधों में
दुष्यंत को वह
अपना वही बंधु माने।

प्रतीहारी : यह घोषणा अभी कर दी जाती है।

जाकर और लौटकर

देव, समय पर हुई वर्षा की तरह आपकी इस घोषणा का सभी बड़े-बड़े लोगों ने स्वागत किया है।

दुष्यंत : (लंबी और ठंडी साँस भरकर)
कितने दुःख की बात है कि संतान के न रहने से जो वंश आश्रयहीन होते हैं, उनकी संपत्ति मूल व्यक्ति की मृत्यु के बाद दूसरों के हाथ में चली जाती है ! मेरे बाद पुरुवंश की सारी समृद्धि भी ऐसे ही हो रहेगी जैसे समय पर बीज न पड़ने से उर्वर भूमि !

प्रतीहारी : ऐसा अमंगल कभी नहीं होगा।

दुष्यंत : धिक्कार तो मुझे है जिसने घर आए मंगल का स्वयं तिरस्कार किया है।

मिश्रकेशी : निःसंदेह ये शकुंतला के विषय में सोचकर ही अपने को इस तरह लांछित कर रहे हैं।

दुष्यंत : जैसे कोई
समय पर बीज डालने के बाद
शस्य श्यामला होने को आतुर
धरती से मुँह मोड़ ले
उसी तरह मैंने
उसमें अपनी आत्मा को आरोपित तो किया,
परंतु उसके बाद
कुल की प्रतिष्ठा-रूप
उस धर्मपत्नी का
परित्याग कर दिया।

मिश्रकेशी : पर अब वह परित्यक्ता नहीं रहेगी।

चतुरिका : (अलग से)
जाने क्या सोचकर अमात्य ने आज वह पत्र इनके पास भेज दिया ! देखो न आर्या, कैसे स्वामी की आँखों में आँसू उमड़ आए हैं ! ये इस समय अपने विवेक से शोक पर वश नहीं पा सकेंगे। तुम मेघच्छन्न प्रासाद से आर्य माधव्य को बुला लाओ। वही आकर इन्हें शांत कर सकेंगे।

प्रतीहारी : तुम ठीक कहती हो।

चली जाती है।

दुष्यंत : ओह ! दुष्यंत के पितर भी संशय में पड़े हैं !
मेरे बाद
कौन इस कुल में
श्रुति-सम्मत रीति से
उन्हें पिंडदान करेगा,
यह सोचकर
मेरे पितर

इन संतानहीन हाथों का दिया जल
जब पीते हैं,
तो उसमें
उनके आँसुओं का जल भी
मिला रहता है !

मिश्रकेशी : कितने दुःख की बात है कि दीये के रहते भी इन्हें बीच के व्यवधान के कारण आसपास अँधेरा दिखाई दे रहा है।

चतुरिका : इस तरह दुःखी न हों स्वामी ! आपकी अभी वह अवस्था है, जिसमें दूसरी किसी रानी से योग्य पुत्र पाकर आप पितृ-ऋण उतार सकते हैं। (स्वगत) मेरी बात तो ये सुन ही नहीं रहे। हाँ, ठीक औषध मिले, तभी तो न रोग दूर होता है।

दुष्यंत : (शोक का अभिनय करके)

अनार्य देश में आकर
जैसे
सरस्वती की धारा सूख जाती है,
वैसे ही
मुझ अनार्य तक आकर
पौरव वंश की
प्रशस्त संतति-परंपरा
अब अदृश्य होने को है।

मूर्च्छित हो जाता है।

चतुरिका : (हड़बड़ाहट के साथ)
धीरज रखें, स्वामी, धीरज रखें

मिश्रकेशी : क्या अभी सबकुछ बताकर इन्हें शांत कर दूँ ? पर नहीं, शकुंतला को आश्वासन देते हुए देवमाता कह रही थीं कि अपना यज्ञभाग पाने के लिए देवता स्वयं ऐसा आयोजन करेंगे जिससे महर्षि शीघ्र ही अपनी धर्मपत्नी के रूप में उसका अभिनंदन करें। तो मेरा अब यहाँ और

रुकना ठीक नहीं। मैं चलकर शकुंतला को यह सब समाचार दे दूँ जिससे उसे थोड़ा आश्वासन मिले।

उद्भ्रांत-सी वहाँ से चली जाती है।

नेपथ्य से : सुनो भाई, मैं ब्राह्मण हूँ। ब्राह्मण की हत्या मत करो।

दुष्यंत : (चेतना लौट आने से उधर कान देकर)
यह तो माधव्य के आर्तनाद का शब्द प्रतीत होता है।

चतुरिका : कहीं ऐसा तो नहीं कि चित्रफलक हाथ में होने से पिंगलिका तथा अन्य दासियों ने मिलकर उसे घेर लिया हो ?

दुष्यंत : तो तुम उधर जाकर देख लो, चतुरिका ! मेरी ओर से देवी वसुमती से कह भी दो कि उन्हें अपनी दासियों को इस तरह के व्यवहार से रोकना चाहिए।

चतुरिका चली जाती है।

नेपथ्य से पुनः : कह रहा हूँ मैं ब्राह्मण हूँ। ब्राह्मण की हत्या मत करो, मत करो !

दुष्यंत : मारे डर के बेचार ब्राह्मण का तो स्वर ही बदल गया लगता है। ...यहाँ कोई है ?

कंचुकी : (आकर)
आज्ञा दें, देव !

दुष्यंत : जाकर देखो कि बेचारा माधव्य क्यों इस तरह छटपटा रहा है ?

कंचुकी : अभी देखकर आता हूँ।

जाकर घबराया-सा लौटकर आता है।

दुष्यंत : क्या बात है, पार्वतायन ? कोई बड़ी दुर्घटना तो नहीं हुई ?

कंचुकी : नहीं, वैसा कुछ नहीं हुआ।

दुष्यंत : तो इस तरह काँप क्यों रहे हो ?

यूँ तो बुढ़ापे से ही
तुम्हारा शरीर
हर समय काँपता रहता है;

पर इस समय की कँपकँपी
कुछ ऐसी है
जैसे हवा के झोंके ने
पीपल की एक-एक पत्ती को
हिलाकर रख दिया हो।

कंचुकी : महाराज, आप अपने मित्र की रक्षा करें

दुष्यंत : पर किससे रक्षा करूँ उसकी ?

कंचुकी : एक बहुत बड़ी विपत्ति से।

दुष्यंत : तुम बात स्पष्ट करके कहो न।

कंचुकी : वह मेघच्छन्न प्रासाद है न...जहाँ से सभी दिशाएँ देखी जा सकती हैं...?

दुष्यंत : हाँ, पर वहाँ हुआ क्या है ?

कंचुकी : उसके ऊँचे शिखर से,
जिसे लाँघने के लिए
हमारे पाले हुए नीलकंठ
कई-कई उड़ानें भरा करते हैं,
एक अदृश्य जीव
आपके मित्र को
जाने कहाँ पकड़कर ले गया है !

दुष्यंत : (सहसा उठकर)

तो क्या हमारे घर में भी ऐसे जीवों का आवास है ? सच, राजशासन के रहते भी कितने-कितने अनाचार हो जाते हैं।

यही जानना संभव नहीं
कि एक के बाद
दूसरा दिन आने तक
व्यक्ति
प्रमादवश
स्वयं क्या-क्या अकर्म कर जाता है;
तो फिर
यह जानने की सामर्थ्य किसमें है

कि प्रजा में
कब कौन
किस मार्ग या अमार्ग पर चलता है ?

नेपथ्य से : शीघ्र आओ मित्र...जैसे भी हो शीघ्र इधर आओ।

दुष्यंत : (सुनकर जल्दी-जल्दी चलता हुआ)
डरो नहीं, मित्र, डरो नहीं।

नेपथ्य से : डरूँ कैसे नहीं...यह जाने कौन है जो मेरी गरदन को ऊख की तरह मरोड़कर मेरी हड्डी-पसली एक किए दे रहा है।

दुष्यंत : (इधर-उधर दृष्टि दौड़ाकर)
मेरा धनुष मुझे दो, धनुष।

प्रतीहारी धनुष लिये हुए आती है।

प्रतीहारी : स्वामी की जय हो ! यह रहा धनुष, ये बाण, और यह हस्तावरण।

दुष्यंत धनुष और बाण ले लेता है।

नेपथ्य से : यह ले,
तेरे गले का नया-नया लहू
पीने की आकांक्षा से
मैं तेरे प्राण लेता हूँ;
बाघ के पंजों में
छटपटाते पशु की तरह
तू अब मुझसे
बचकर नहीं जा सकता !
आर्त्त की रक्षा के लिए
धनुष उठाने वाले
राजा दुष्यंत में यदि शक्ति है
तो आकर वह
बचाए तुझे कैसे बचाता है !

दुष्यंत : (क्रोध के साथ)
अरे, यह मुझी को लक्ष्य करके ऐसा कह रहा है ! तू ठहर तो जा नीच शव-भक्षक, अभी यहाँ तेरा नाम तक नहीं

रहने दूँगा। (धनुष चढ़ाकर) पार्वतायन, सोपान किधर से है, ज़रा बताना।

कंचुकी : इधर से आएँ, देव !

सब जल्दी-जल्दी चलते हैं।

दुष्यंत : (चारों ओर देखकर)

अरे ! यहाँ तो कोई भी दिखाई नहीं दे रहा।

नेपथ्य से : बचाओ मुझे, मेरी रक्षा करो ! मैं तुम्हें देख रहा हूँ, और तुम मुझे नहीं देख पा रहे। मैं उसी तरह जीवन से निराश हो चुका हूँ जैसे बिल्ली के पंजे में जकड़ा चूहा !

दुष्यंत : ओह, तो अपनी तिरस्करिणी विद्या का मान है तुम्हें ! तुम समझते हो कि मेरा शस्त्र भी तुम्हें नहीं देख पाएगा ? अब रुके रहो, और इस भरोसे मत रहो कि मेरा मित्र तुम्हारे साथ है, इसलिए तुम इस बाण से बच जाओगे। यह मैं बाण चढ़ा रहा हूँ।

इसे तुम्हारा वध करना है,
इसलिए
यह बाण केवल तुम्हारी ओर ही आएगा,
उस ब्राह्मण की ओर नहीं
जिसकी इसे रक्षा करनी है।
हंस है यह बाण,
जो पानी से
दूध को अलग कर देता है।

धनुष चढ़ाता है। विदूषक के साथ मातलि का प्रवेश।

मातलि : आयुष्मान्,

आपके बाणों का लक्ष्य
असुर बनें—
ऐसा इंद्र का निश्चय है;
इसलिए अपना यह धनुष
आप उन्हीं की ओर खींचिएगा।

हम आपके मित्र हैं;
और मित्रों का स्वागत
स्नेह से मुसकराती
आँखों से किया जाता है;
तीखे-तीखे बाणों से नहीं।

दुष्यंत : (अचकचाकर धनुष परे हटाता हुआ)
अरे, मातलि, तुम ? स्वागत है, इंद्र-सारथी !

विदूषक : क्या सूझ-बूझ है ! यह तो मुझे पशु की मौत मारने जा रहा था और आप हैं कि इसका स्वागत और अभिनंदन कर रहे हैं !

मातलि : (मुसकराकर)
इंद्र ने आपके पास जिस उद्देश्य से मुझे भेजा है, वह आपको बता देता हूँ।

दुष्यंत : मैं ध्यान से सुन रहा हूँ।

मातलि : दुर्जय नामक एक दानव-समुदाय है जो कि कालनेमि के वंश से है।

दुष्यंत : उसकी चर्चा मैं पहले भी नारद के मुँह से सुन चुका हूँ।

मातलि :
आपके सखा
इंद्र के हाथों
उसका वध संभव नहीं,
इसलिए
रणभूमि में
उसे मार गिराने के लिए
उन्होंने आपका स्मरण किया है।
रात्रि के अंधकार को चीरना
सूर्य के वश का नहीं;
उसका विनाश
चंद्रमा की किरणों से ही हो सकता है !

तो अब इसी तरह शस्त्र लिये हुए आप मेरे साथ देव-रथ में बैठकर विजय-यात्रा के लिए चल दें।

दुष्यंत : मैं अनुगृहीत हूँ कि देवपति ने मुझे यह सम्मान दिया है। पर बेचारे माधव्य को तुमने इस तरह क्यों दबोच रखा था ?

मातलि : (मुसकराकर)

वह भी सुन लीजिए। मैंने आकर देखा कि किसी कारणवश आपका मन संतप्त है और आप बहुत अव्यवस्थित हैं। सोचा कि ऐसा कुछ करूँ जिससे आपका क्रोध जाग जाय।

आग धधकाने के लिए
ईंधन को थोड़ा हिलाना होता है;
साँप फण तभी उठाता है
जब उसे थोड़ा छेड़ दिया जाता है।
तेजस्वी व्यक्ति का स्वभाव भी कुछ ऐसा ही है—
उसका तेज जगाना हो तो,
उसे थोड़ा विक्षुब्ध करना ही पड़ता है।

दुष्यंत : यह अच्छी युक्ति अपनाई तुमने। (विदूषक से) मित्र, देवपति की आज्ञा का उल्लंघन नहीं किया जा सकता, इसलिए यह सब वृत्तांत बताकर मेरी ओर से अमात्य पिशुन से कह दो कि—

तब तक
वह अपने ही विवेक से
प्रजा की देखभाल करे,
जब तक
यह खिंचा धनुष
इस दूसरे कार्य में
व्यस्त रहेगा।

विदूषक : जैसी आज्ञा।

चला जाता है।

मातलि : तो आइए, रथ में बैठिए।

दुष्यंत रथ में बैठता है।

सबका प्रस्थान।

॥ छठा अंक ॥

अंक : सात

[आकाश मार्ग तथा हेमकूट पर्वत पर महर्षि मारीच का आश्रम]

रथ में बैठकर आकाश-मार्ग से आते
दुष्यंत और मातलि का प्रवेश।

दुष्यंत : मातलि, यह ठीक है मैंने देवपति के आदेश का पालन किया, पर उन्होंने जितना मेरा सत्कार किया, उतने के योग्य मैं नहीं था।

मातलि : (मुसकराकर)
यह असंतोष तो दोनों ओर से ही है।

आपको
अपना उपकार
वहाँ मिले सत्कार की तुलना में
छोटा जान पड़ता है;
और देवपति का विचार है
कि जो कुछ आपने किया,
उसके अनुपात में
आपका सत्कार
कुछ भी नहीं हुआ।

दुष्यंत : ऐसा तुम नहीं कह सकते। विदाई के समय उन्होंने मेरा जो सम्मान किया, उसकी तो कल्पना भी मेरे मन में नहीं थी। सब देवताओं के सामने मुझे अपने पास आधे आसन पर बिठाकर—

वक्ष के हरिचंदन से अंकित
मंदार की माला
उन्होंने गले से उतारी;
यह देखकर
कि जयंत के मन में

उसे पहनने की आकांक्षा है,
वे हल्के से
उसकी ओर देखकर मुसकराए;
फिर उन्होंने हाथ बढ़ाया,
और सहसा वह माला
मेरे गले में पहना दी।

मातलि : क्या ऐसा भी कुछ है जो आप अमरपति से पाने के अधिकारी नहीं !

अपने सुखों में लीन
इंद्र के
स्वर्ग राज्य को,
दानवों का उन्मूलन करके,
केवल दो ने ही निष्कंटक बनाया है;
पहले
आगे से झुके
नरसिंह के नखों ने
और आज
तिरछे फलके के
आपके बाणों ने।

दुष्यंत : इसका श्रेय स्वयं देवपति को ही है। क्योंकि–

स्वामी का ही प्रभाव है यह
जो अधीनस्थ व्यक्ति
बड़े-से-बड़ा कार्य भी
संपन्न कर लेता है।
अरुण
क्या कभी अंधकार का नाश कर सकता,
यदि सूर्य ने
अपने रथ पर
उसे आगे न बिठाया होता ?

मातलि : आपको ऐसा ही कहना शोभा देता है। (कुछ और आगे

निकल आने पर) देखिए, स्वर्गभूमि पर आपका यश किस आदर के साथ प्रतिष्ठित है !

सुर-सुंदरियों की
श्रृंगार-योजना से बचे
अंगराग से
देवगण
कल्पलता के पत्रों पर
आपकी चरित्र-गाथा
गेय पदों के रूप में
कल्पित और अंकित कर रहे हैं।

दुष्यंत : मातलि, उस दिन मन में असुरों के संहार की उत्कंठा थी, इसलिए ऊपर आते हुए इस प्रदेश को मैं ठीक से देख नहीं पाया था। बता सकते हो यह कौन-सा मारुत-प्रदेश है जिसमें से होकर अब हम जा रहे हैं।

मातलि : प्रवह मारुत का प्रदेश है यह
जो आकाश-गंगा का आधार स्थल है,
और जो अपने आवर्त से
तारामंडल का
रश्मि विभाजन करता हुआ
उसका संचालन करता है।
यह वही धूलिहीन प्रदेश है
जो वामन विष्णु के
दूसरे चरण का स्पर्श पाकर
पवित्र हो चुका है !

दुष्यंत : तो इसीलिए यहाँ आकर मेरी अंतरात्मा अंदर और बाहर से पुलकित हो उठी है ! (रथ के पहिए की ओर देखकर) लगता है हम लोग बादलों के मार्ग पर आ पहुँचे हैं।

मातलि : यह आपने कैसे जान लिया ?

दुष्यंत : तुम्हारे रथ के पहियों से,
जो जल-भार से लदे

बादलों पर आकर
बूँदों से भीग गए हैं;
इन चातकों से
जो पर्वत-कंदराओं से
उड़-उड़कर इस ओर आ रहे हैं;
और इन घोड़ों से
जिन्हें विद्युत् के आलोक ने
अपने रंग में रँग दिया है।

मातलि : आपका अनुमान ठीक है। अब क्षण-भर में ही आप अपनी राज्यभूमि में पहुँच जाएँगे।

दुष्यंत : (नीचे देखकर)

मातलि, इस तरह वेग से उतरते हुए नीचे मनुष्यलोक को देखना कितना विचित्र लग रहा है !

ऊपर को उठे
पर्वत-शृंगों से
समतल जैसे नीचे उतर रहे हैं;
और टहनियाँ अलग-अलग दिखाई देने से
पेड़
जैसे पत्तों के झुरमटों से बाहर आ रहे हैं।
सँकरे भागों में
जल-रेखा स्पष्ट न होने से
नदियाँ टूटी-टूटी-सी थीं;
पर अब वे
एक सूत्र में जुड़ती जा रही हैं;
और समूची धरती
इस तरह मेरी ओर आ रही है
जैसे किसी ने इसे
ऊपर को उछाल दिया हो।

मातलि : हाँ, जैसा आप कह रहे हैं, ठीक वैसा ही सुंदर लग रहा है। (आदर-भाव से देखकर) सच, धरती कितनी सुंदर है !

दुष्यंत : पूर्व और पश्चिम समुद्र के बीच यह पर्वत कौन-सा है, मातलि, जिससे जैसे स्वर्णिम आभा के झरने फूट रहे हैं, और जो देखने में संध्याकालीन मेघ जैसा लगता है ?

मातलि : यह किन्नरों का आवास हेमकूट पर्वत है जो तपस्वियों का परम धाम भी है।

देवों और असुरों के पिता
प्रजापति कश्यप
जो ब्रह्मापुत्र मरीचि की संतान हैं,
इसी पर्वत पर
अपनी पत्नी अदिति के साथ
तपश्चर्या करते हैं।

दुष्यंत : (आदर-भाव के साथ)
तो ऐसे पुण्य स्थान को यूँ ही लाँघ जाना उचित नहीं। मैं यहाँ रुककर और प्रजापति की प्रदक्षिणा करके आगे जाना चाहूँगा।

मातलि : बहुत अच्छा विचार है यह। (उतरने का अभिनय करता हुआ) यह लीजिए, हम उतर आए !

दुष्यंत : (आश्चर्य के साथ)
मातलि,

यहाँ उतरकर भी
उतरने का आभास नहीं हुआ,
क्योंकि न तो धूल उड़ रही है,
न रथ के पहिए शब्द कर रहे हैं,
और न ही
धरती पर आ जाने से
हिचकोले खाने का अनुभव हो रहा है।

मातलि : आपके और इंद्र के रथ में बस इतना ही तो अंतर है।

दुष्यंत : महर्षि मारीच का आश्रम किस स्थान पर है ?

मातलि : (हाथ से संकेत करके)
वह देखिए वहाँ—

जहाँ वे महर्षि
प्राची की ओर मुँह किए
शंकर की तरह अविचल,
अपनी समाधि में लीन हैं।
उनका आधा शरीर
वल्मीक से ढँका है,
और दूसरे यज्ञोपवीत की तरह
साँप की केंचुल
उनके कंधे पर पड़ी है।
कंठ से लिपटे
रूखी लताओं के गुंझल
उन्हें अत्यधिक पीड़ित किए हैं,
और कंधों तक फैली
उनकी जटाओं में
कई-कई शकुंत पक्षियों ने
अपने नीड़ बना लिये हैं।

दुष्यंत : (देखकर)
इस तरह कष्ट उठाकर तपस्या करते मुनि को मैं नमस्कार करता हूँ।

मातलि : (रास खींचकर रथ रोकता हुआ)
अब हम प्रजापति के आश्रम में आ गए हैं जहाँ के मंदार वृक्षों को स्वयं अदिति ने अपने हाथों से सींचकर बड़ा किया है।

दुष्यंत : ओह ! यह स्थान तो स्वर्ग से भी अधिक शांतिप्रद है। लगता है जैसे अमृत के सरोवर में डुबकी लगा ली हो।

मातलि : (रथ रोककर)
अब यहाँ उतर जाइए।

दुष्यंत : (उतरकर)
तो तुम क्या तब तक...?

मातलि : यह रथ संकेत के अनुसार रुका रह सकता है। मैं भी

आपके साथ उतर रहा हूँ। (उतरकर) आइए, इधर से आइए। देखिए, ये हैं ऋषियों की तपोभूमियाँ।

दुष्यंत : यहाँ की इस विपरीतता को देखकर सचमुच आश्चर्य होता है–

कल्पवृक्ष का वन,
परंतु उसमें रहकर भी
केवल वायु से प्राण-धारण;
सुनहले कमलों के पराग से पीला जल
परंतु उसमें केवल पुण्य स्नान
मणि-शिलाओं के आवास,
परंतु उनका उपयोग केवल समाधि के लिए;
और अप्सराओं की इतनी निकटता
परंतु फिर भी इनका संयम;–
कितना अद्भुत है
कि दूसरे लोग
जो कुछ पाने के लिए तपस्या करते हैं,
ये
उस सब में घिरे रहकर
यहाँ तपस्या कर रहे हैं !

मातलि : मनस्वियों की प्राप्ति-कामना निरंतर ऊँचे स्तरों की ओर उठती जाती है। (घूमकर, आकाश की ओर) क्यों वृद्ध साकल्य, भगवान मारीच इस समय किस कार्य में व्यस्त हैं ? (सुनकर) क्या कहा ? अदिति ने पतिव्रत धर्म के संबंध में कुछ पूछा था और वे उनके तथा अन्य ऋषि-पत्नियों के सम्मुख उस विषय की व्याख्या कर रहे हैं ? तब तो उनसे मिलने के लिए प्रतीक्षा करनी होगी। (दुष्यंत की ओर देखकर) तो आप तब तक यहाँ अशोक वृक्ष की छाया में बैठें। मैं जाकर महर्षि को आपके आने की सूचना देता हूँ।

दुष्यंत : जैसा तुम ठीक समझो।

बैठ जाता है। मातलि चला जाता है।

दुष्यंत : (शुभ शगुन का निरूपण करके)

क्यों व्यर्थ फड़कती है, बाँह ?–
अब कोई आशा नहीं
कि मेरी मनोकामना कभी पूरी होगी।
एक बार श्रेय का अनादर
उसे केवल
दुःख के रूप में ही लौटाकर लाता है।

नेपथ्य से : कह रही हूँ, इतनी चंचलता मत कर। चाहे जो भी सामने आ जाय, उसी को अपना स्वभाव दिखाने लगता है !

दुष्यंत : (उधर कान देकर)

यहाँ तो कोई धृष्टता कर ही नहीं सकता, फिर यह कौन है जिसे इस तरह रोका जा रहा है ? (शब्द की दिशा में देखकर आश्चर्य के साथ) अरे, यह कौन बालक है जिसे दो तापसियाँ पकड़कर रोकना चाह रही हैं ? शक्ति में साधारण बालकों से कितना अलग है यह !

माँ का दूध पीते
सिंह-शिशु को
बीच में ही यह
सिर के रोयों से मसलकर,
साथ खेलने के लिए
अपनी ओर
हाथ से खींच लेना चाहता है !

उपर्युक्त स्थिति में दो तपस्वियों के साथ बालक का प्रवेश।

बालक : जम्हाई ले, शावक ! कह रहा हूँ जम्हाई ले, मुझे तेरे दाँत गिनने हैं।

पहली तापसी : ढीठ, क्यों उसे तंग करता है ? सभी जीवों के बच्चे हमारे अपने बच्चे जैसे ही हैं। तेरा तो उत्पात दिन-प्रतिदिन बढ़ता ही जाता है ! ऋषियों ने ठीक ही तेरा नाम सर्वदमन रखा है !

दुष्यंत : इस बच्चे को देखकर मन में ऐसे स्नेह उमड़ रहा है जैसे यह मेरा अपना ही बेटा हो। (सोचता हुआ) संतानहीन हूँ, शायद इसीलिए मन में इस तरह वात्सल्य का संचार हो रहा है।

दूसरी तापसी : तू इस शावक को छोड़ेगा नहीं, तो इसकी माँ अभी तुझे दबोच लेगी।

सर्वदमन : (मुसकराकर)
ओ हो-हो ! बहुत डर लग रहा है तुम्हारी बात सुनकर।

दुष्यंत : (आश्चर्य के साथ)

बीज है यह बालक
आनेवाले कल का
महान तेजस्विता का !
सुलगता अंगारा है यह
जिसे केवल
सूखे काठ की प्रतीक्षा है !

पहली तापसी : देख बच्चे, इस सिंह-शावक को तू छोड़ दे। मैं तुझे खेलने के लिए कुछ और देती हूँ।

सर्वदमन : कहाँ है कुछ और ? लाओ दो।

हाथ फैला देता है।

दुष्यंत : (उसका हाथ देखकर)
अरे ! इसके हाथ पर तो चक्रवर्ती के लक्षण हैं !

नई वस्तु पाने के प्रलोभन से
फैले इस हाथ की अंगुलियाँ
एक जाल की तरह गुँथी हैं,
और लाल हथेली पर
एक अधखिला कमल है
जिसकी पत्तियाँ
जैसे उषा के आलोक में
अब खुलना ही चाहती हैं।

दूसरी तापसी : इसे छोड़ दे, सुव्रता ! केवल बातों से इसे नहीं भुलाया

जा सकता। जा मेरी कुटिया से ऋषिकुमार संकोचन का खिलौना ले आ--वह रंग-बिरंगा मिट्टी का मोर।

सुव्रता : हाँ, यही करती हूँ।

चली जाती है।

सर्वदमन : तब तक मैं इसी से खेलूँगा।

दूसरी तापसी : (देखकर हँसती हुई)
अरे, अब तो इसे छोड़ दे !

दुष्यंत : मन होता है इस नटखट को उठाकर प्यार करने लगूँ।
(उसाँस भरकर)

कितने भाग्यवान हैं वे लोग
जिनकी गोद में आने के लिए
तुतलाते बच्चे,
नन्हें-नन्हें दाँत निकालकर,
अनायास किलकारियाँ भरते हैं;
और अपने अंगों की धूल से
उनके शरीर गँदला देते हैं !

दूसरी तापसी : (अंगुली से धमकाती हुई)
अच्छा तो तू मेरी बात नहीं सुनता न ? (इधर-उधर देखकर) यहाँ कोई ऋषिकुमार नहीं है ? (दुष्यंत को देखकर) भद्र, आप इधर आएँगे ? यह बच्चा इस सिंह-शावक को सता रहा है। ऐसे कसकर उसे पकड़े है कि छोड़ता ही नहीं। आप आकर उसे छुड़ा दीजिए।

दुष्यंत : मैं आ रहा हूँ। (पास आकर मुसकराता हुआ) महर्षि-पुत्र !

इस आश्रम के
अनुकूल आचरण नहीं है यह
जिससे तुम
अपने संयमी पिता के
आंतरिक गुणों को
दूषित कर रहे हो।
यह उसी तरह है

जैसे चंदन की सुगंध को
काले साँप का बच्चा
अपने विष से दूषित कर दे।

दूसरी तापसी : यह ऋषिकुमार नहीं है, भद्र !

दुष्यंत : इसका पता इसके आचार और आकार के अनुरूप इसकी चेष्टाओं से ही चल रहा है। मैंने केवल इस स्थान को दृष्टि में रखते हुए ऐसा सोचा था। (सिंह-शावक को बच्चे के हाथ से छुड़ाकर उसमें स्पर्श-सुख का अनुभव करता हुआ, स्वगत)

जाने कौन है वह
जिसके कुल की यह कोंपल है?
फिर भी इसे छूकर
अंगों में
मुझे इतने सुख का अनुभव हो रहा है !
सोचता हूँ,
उसके हृदय को
इस स्पर्श से कितनी शांति मिलती होगी
जिस भाग्यवान की
यह अपनी संतान है !

दूसरी तापसी : सच, कितने आश्चर्य की बात है !

दुष्यंत : आश्चर्य की बात ? आश्चर्य की बात क्या है, आर्ये ?

दूसरी तापसी : इस बच्चे से आपका कोई संबंध नहीं, फिर भी आपसे इसकी आकृति इतनी मिलती है, इसी पर मुझे आश्चर्य हो रहा है। फिर यह तो किसी की मानता ही नहीं, पर आपसे परिचय न होते हुए भी आपकी बात इसने झट से मान ली।

दुष्यंत : (बच्चे को दुलारता हुआ)
आर्ये, यदि ऋषिकुमार नहीं, तो फिर किस वंश से है यह ?

दूसरी तापसी : पुरुवंश से।

दुष्यंत : (स्वगत)

तो यह हमारे वंश से है ! शायद इसीलिए इस तपस्विनी को हम दोनों की आकृति में समानता प्रतीत हो रही है। (प्रकट) पुरुवंश से ? परंतु तपोवन का जीवन तो पुरुवंश के लोगों का अंतिम व्रत होता है !

पृथ्वी की रक्षा के लिए
पहले उनका
सुधा से पुते
बड़े-बड़े भवनों में
आवास होता है;
चौथे आश्रम में प्रवेश करके ही
वे
यती-धर्म का पालने करने के लिए
इन वृक्षों की छाया को
अपना घर बनाते हैं।

फिर पैरों से चलकर मर्त्यलोक का कोई निवासी यहाँ पहुँच ही कैसे सकता है ?

दूसरी तापसी : आप ठीक कहते हैं। परंतु बच्चे की माँ का संबंध यहाँ की एक अप्सरा से है, इसलिए इसे उसने देवगुरु मारीच के इस आश्रम में ही जन्म दिया है।

दुष्यंत : (स्वगत)

ओह ! यह तो एक और आशाजनक बात सुनने को मिली। (प्रकट) यह बताएँगी कि इसकी माँ जिन राजर्षि की पत्नी हैं, उनका नाम क्या है ?

दूसरी तापसी : ऐसे व्यक्ति का नाम कौन मुँह पर लाए जिसने अपनी धर्मपत्नी का परित्याग कर रखा हो ?

दुष्यंत : (स्वगत)

यह सारा वृत्तांत तो मेरी ही ओर संकेत करता है। अच्छा, बच्चे की माँ के नाम से जानने का प्रयत्न करता हूँ। (सोचकर) परंतु पराई स्त्री के संबंध में पूछताछ

करना आर्य-धर्म नहीं।

सुव्रता मिट्टी का मोर लिये हुए आती है।

सुव्रता : देख सर्वदमन, तेरे लिए यह तापसी सुंदर शकुंत लाई है।

सर्वदमन : माँ आई है ? कहाँ है !

दोनों तापसियाँ हँसती हैं।

सुव्रता : माँ का-सा नाम सुनकर कैसे इसका मन लुभा आया है !

दूसरी तापसी : उसने कहा कि वह तेरे लिए सुंदर मोर लाई है। देख, है न यह सुंदर ?

दुष्यंत : (स्वगत)

तो क्या इसकी माँ का नाम शकुंतला है ? पर नाम तो कइयों के एक-से होते हैं। फिर भी यह नाम लिये जाने से कितनी उदासी मन पर घिर आई है !

सर्वदमन : बहुत चंचल होता है न मोर, अंतिका ?...इसीलिए मुझे यह अच्छा लगता है।

खिलौना हाथ में ले लेता है।

सुव्रता : (देखकर, व्यग्रतापूर्वक)

अरे, इसके रक्षावलय का क्या हुआ ? वह इसके मणिबंध पर दिखाई नहीं दे रहा।

दुष्यंत : घबराएँ नहीं, आर्या ! सिंह-शावक के साथ खींच-तान करने में वह इसके हाथ से गिर गया है।

वलय उठाने लगता है।

सुव्रता-अंतिका : ना-ना-ना, इसे हाथ मत लगाइए ! (देखकर) अरे, आपने तो इसे उठा ही लिया।

वक्ष पर हाथ रखे आश्चर्य के साथ एक-दूसरी की ओर देखती हैं।

दुष्यंत : पर आप इसके लिए मना क्यों कर रही थीं ?

सुव्रता : ऐसा है भद्र, कि यह वलय देवलोक की अत्यधिक प्रभावशाली अपराजिता नाम की औषधि से बना है। इस बच्चे के नाल-छेदन संस्कार के समय भगवान मारीच ने

स्वयं यह इसके हाथ पर बाँधा था। यह यदि भूमि पर गिर पड़े, तो इसे इस बच्चे और इसके माता-पिता को छोड़कर और कोई नहीं उठा सकता।

दुष्यंत : और यदि कोई उठा ले, तो ?

सुव्रता : तो यह साँप बनकर उसे डस लेता है।

दुष्यंत : आप लोगों ने पहले कभी ऐसा होते देखा है ?

सुव्रता-अंतिका : कितनी ही बार देखा है।

दुष्यंत : (हर्ष के साथ, स्वगत)
ऐसा है, तब तो सचमुच मेरी मनोकामना पूरी हो गई...और मैं अब भी इसका अभिनंदन नहीं कर रहा !

बच्चे को गले से लगा लेता है।

अंतिका : चल सुव्रता, चलकर यह बात शकुंतला को बता दें जो इस समय अपने नियम-पालन में लगी है।

दोनों चली जाती हैं।

सर्वदमन : छोड़ो मुझे ! छोड़ो भी न, मैं अपनी माँ के पास जाऊँगा।

दुष्यंत : बेटे, अब तू मेरे साथ चलकर ही माँ का अभिनंदन करना।

सर्वदमन : तुम मेरे पिता नहीं हो, मेरे पिता दुष्यंत हैं।

दुष्यंत : हाँ, इस तरह विरोध करके ही तो तुम मेरी बात का समर्थन कर रहे हो !

शकुंतला आती है। वह केवल एक चोटी किए है।

शकुंतला : (जैसे असमंजस में)
सर्वदमन के हाथ से गिरा औषधि-वलय किसी के उठाने पर भी ज्यों-का-त्यों बना रहा, यह सुनकर भी अपने भाग्य पर विश्वास नहीं होता। पर मिश्रकेशी की बात यदि सच हो, तो ऐसा हो भी सकता है।

घूमती है।

दुष्यंत : (शकुंतला को देखकर हर्ष और खेद के साथ)
अरे ! यह क्या वही शकुंतला है?

दो मैले वस्त्र,
कुम्हलाए मुख पर
व्रत-पालन की छाया,
और एक ही उदास-सी वेणी !
कितने समय से
यह विरहिणी
मुझ निष्ठुर के लिए
वियोग-साधना करती हुई,
अपने उज्ज्वल चरित्र से
व्यथा-भार सह रही है !

शकुंतला : (दुष्यंत की पश्चात्ताप से मलिन आकृति देखकर, असमंजस में) नहीं, ये आर्यपुत्र नहीं हैं तो फिर कौन है यह जो मेरे बच्चे के रक्षामंगल की अवहेलना करके उसे अपने अंग-स्पर्श से दूषित कर रहा है ?

सर्वदमन : (माँ के पास जाकर)
माँ, यह कौन है जो 'बेटा' कहकर ऐसे स्नेह से मेरा आलिंगन कर रहा है ?

दुष्यंत : मैंने तुमसे निर्दय व्यवहार किया था, शकुंतला ! पर उसका परिणाम वैसा प्रतिकूल नहीं रहा। चाहूँगा कि तुम अब मुझे पहचानने में किसी बाधा का अनुभव न करो।

शकुंतला : (स्वगत)
आश्वस्त हो, हृदय ! सचमुच दैव ने कृपा की है...वैसा आघात कर चुकने के बाद अब उसे मुझसे द्वेष नहीं रहा। ये आर्यपुत्र ही हैं।

दुष्यंत : शकुंतला !
सौभाग्य है
कि स्मृति की किरण ने
मोह का अंधकार नष्ट कर दिया,
और फिर से मैं आज
तुम्हें अपने सामने देख रहा हूँ।

चंद्रमा से ग्रहण हट गया,
और स्वाभाविक है
कि अब उसका
फिर से रोहिणी से योग हो।

शकुंतला : (हर्षपूर्वक)
आप सदा विजयी हों, आर्यपुत्र !

दुष्यंत : शकुंतला !
आँसुओं से रुँधे कंठ से
मेरे विजयी होने की बात
तुम स्पष्ट नहीं कह सकीं,
फिर भी मैं विजयी हूँ
क्योंकि
ये शब्द कहने के लिए हिलते
तुम्हारे होंठ,
जो बिना किसी प्रसाधन के भी लाल हैं,
आज अपने सामने देख रहा हूँ।

सर्वदमन : यह कौन हैं, माँ ?

शकुंतला : मुझसे नहीं, अपने भाग्य से पूछ, बेटे !

दुष्यंत : कोमलांगि,
मेरे किए तिरस्कार की पीड़ा
अब अपने मन से निकाल दो;
जाने क्या था
जिससे वह घना अँधेरा
मेरी स्मृति पर घिर आया था।
अँधेरे में जीते व्यक्ति
अपने शुभ को नहीं पहचानते;
अंधा कैसे जान सकता है
कि जिसे साँप समझकर उसने सिर से फेंक दिया,
वह वास्तव में
किसी की पहनाई

सुंदर-सी फूलमाला थी ?

शकुंतला के पैरों पर गिर जाता है।

शकुंतला : उठ जाएँ, आर्यपुत्र ! मेरा ही कोई पहले जन्म का पाप था जो अपने परिणाम तक पहुँचकर उन दिनों मेरे सुख में बाधक बन गया था। अन्यथा इतने कोमल-हृदय आप मेरे प्रति उस तरह रूखे कैसे हो सकते थे ?

दुष्यंत उठ जाता है।

परंतु आर्यपुत्र को अब इस अभागी की याद कैसे हो आई ?

दुष्यंत : मन से दुःख की साल निकल जाने दो, फिर बताता हूँ।

मोहवश,
तुम्हारे होंठों पर गिरते
जिन आँसुओं की
तब मैंने उपेक्षा कर दी थी,
आज,
इन तिरछी पलकों में अटके
उन आँसुओं को,
एक बार पोंछकर
मुझे मन का पश्चात्ताप
कुछ मिटा लेने दो।

उसके आँसू पोंछने लगता है।

शकुंतला : (आँसू पोंछ दिए जाने पर, दुष्यंत की अंगुली में पड़ी अँगूठी देखकर)

आर्यपुत्र, यह वही अँगूठी है न !

दुष्यंत : हाँ; वही अँगूठी है। यही जब विचित्र ढंग से फिर मेरे हाथ लगी, तो मेरी खोई हुई स्मृति लौट आई।

शकुंतला : तब कितना बुरा किया था...मैंने इससे आपको विश्वास दिलाना चाहा था, और यह जाने कहाँ अदृश्य हो गई थी।

दुष्यंत : वसंत लौट आया, इस उपलक्ष में लता इस फूल को अब

फिर से धारण कर ले।

शकुंतला : नहीं, अब आप ही इसे पहने रहें। मुझे इस पर भरोसा नहीं।

मातलि आता है।

मातलि : पत्नी से पुनः मिलने और पुत्र का मुख देखने के इस अवसर पर मेरी ओर से बधाई।

दुष्यंत : मनोकामना एक मित्र के सहयोग से पूरी हुई, इसलिए यह और भी श्रेयस्कर है। पर, मातलि ! क्या देवपति इस विषय में नहीं जानते थे ?

मातलि : (मुसकराकर)
वे प्रभु हैं...प्रभु क्या नहीं जानते ? आइए, भगवान मारीच आपसे साक्षात्कार करना चाहते हैं।

दुष्यंत : पुत्र को उठा लो, शकुंतला ! मैं तुम्हें आगे करके ही महर्षि के दर्शन करना चाहता हूँ।

शकुंतला : आर्यपुत्र के साथ गुरु के सामने जाते मुझे संकोच हो रहा है।

दुष्यंत : यह अभ्युदय का समय है; ऐसे समय तुम्हें संकोच नहीं करना चाहिए। चलो, आओ।

सब घूमते हैं। अदिति के साथ आसन पर बैठे महर्षि मारीच का प्रवेश।

मारीच : (दुष्यंत को आते देखकर)
अदिति !

यह है
भू-लोक का स्वामी दुष्यंत,
जो असुरों के साथ युद्ध में
तुम्हारे पुत्र इंद्र के
आगे-आगे रहता है।
इसके धनुष में वह प्रभाव है
कि इंद्र का तीखा वज्र,
अब उपयोग में न आने से

केवल उसके हाथ का
आभूषण-मात्र रह गया है।

अदिति : इसकी आकृति ही इसके प्रभाव का परिचय दे रही है।

मातलि : आयुष्मान्, ये रहे देवी-देवताओं के माता-पिता जिनकी आँखों में आपको देखकर पुत्र-प्रेम की-सी भावना उमड़ रही है। आइए, इनके पास चलिए।

दुष्यंत : मातलि !

यही दंपति हैं वे
जो ब्रह्मा से केवल एक पीढ़ी आगे,
दक्ष और मारीच की संतान हैं,
और जिन्हें मुनिगण
बारह कलाओं में विभाजित
तेजोमय सूर्य के
स्रष्टा बताते हैं ?
यही हैं वे
जिनसे
यज्ञ-भाग के अधिकारी,
तीनों भुवनों के नायक
इंद्र का जन्म हुआ है,
और
वामन अवतार के लिए
स्वयंभू ब्रह्मा से भी महान
परम पुरुष विष्णु ने
जिन्हें अपने माता-पिता के रूप में चुना है ?

मातलि : हाँ, यही हैं वे !

दुष्यंत : (प्रणाम करके)
इंद्र का आदेशवर्ती दुष्यंत आप दोनों को प्रणाम करता है।

मारीच : चिरकाल तक जियो, वत्स, और पृथ्वी की पालना करो।

अदिति : कभी कोई भी शत्रु तुम्हें न जीत सके।

शकुंतला पुत्र-सहित उन दोनों के पैर छूती है।

मारीच : बेटी !

इंद्र-सा पति
और जयंत-सा पुत्र
तुझे मिला है;
और क्या आशीर्वाद दूँ तुझे—
केवल यही कहता हूँ
कि तेरा सौभाग्य भी
इंद्राणी-सा अचल हो।

अदिति : पति से तुझे बहुत मान मिले, बेटी ! तेरा यह चिरंजीव पुत्र माता और पिता दोनों के कुल की शोभा बढ़ाए। आओ, बैठो सब लोग।

सब महर्षि के आसपास बैठ जाते हैं।

मारीच : (एक-एक करके तीनों की ओर संकेत करते हुए)

शकुंतला-सी साध्वी पत्नी,
इस बालक-सी अच्छी संतान,
और अपने-से तुम स्वयं—
निश्चय ही यह मिलन
श्रद्धा, धन और शास्त्र
तीनों के संगम की तरह है।

दुष्यंत : भगवन्, मेरी मनोकामना पहले पूरी हुई, आपके दर्शन मुझे बाद में हुए। आपकी कृपा का यह रूप सचमुच अद्भुत है।

पहले फूल उगता है
फिर फल आता है;
पहले बादल घिरता है,
फिर पानी बरसता है;

जीवन में
कार्य-कारण का
यह एक निश्चित-सा क्रम है।
परंतु
आपकी कृपा-दृष्टि की बात
इससे अलग है,
क्योंकि
उसका अधिकारी होने से पहले ही
याचक को
मनचाही संपदा
प्राप्त हो जाती है।

मातलि : आयुष्मान्, विश्वगुरु यदि कृपा करें तो इसी रूप में करते हैं।

दुष्यंत : भगवन्, आपके सगोत्र महर्षि कण्व के प्रति मुझसे अपराध हुआ है। मैंने गांधर्व विधि से शकुंतला से विवाह किया था। परंतु कुछ समय बाद जब इसके बंधु इसे लेकर मेरे पास आए, तो मैंने इसे अस्वीकार कर दिया क्योंकि वह बात मेरी स्मृति से उतर ही गई थी। बाद में यह अँगूठी देखते ही मुझे सहसा स्मरण हो आया कि मैंने इससे विवाह किया था। अब यह सोचता हूँ, तो मुझे बहुत विचित्र-सा लगता है।

मेरा मानसिक विकार
कुछ ऐसा था
जैसे
एक हाथी को
पास से निकलते देखकर भी
कोई व्यक्ति
उसके अस्तित्व में संदेह करे।
परंतु
उसके चले जाने पर

सहसा
पद-चिह्नों को देखकर
उसे उसके होने में
विश्वास हो जाए।

मारीच : देखो वत्स, इसे अपना अपराध मानकर दुःखी होने की आवश्यकता नहीं। तुम्हारे इसे भूल जाने का भी एक कारण था जो मैं तुम्हें बता रहा हूँ।

दुष्यंत : मैं सुनने के लिए उत्सुक हूँ।

मारीच : तुमने जब शकुंतला का तिरस्कार किया, तो मेनका इसे उस व्याकुल मनःस्थिति में अप्सरा-तीर्थ के घाट से उठाकर यहाँ अदिति के पास ले आई थी। तभी मैंने समाधि-स्थित होकर जान लिया था कि यह दुर्वासा के शाप का प्रभाव है जो तुमने इसे सहधर्मिणी बनाने के बाद भी इस बेचारी का परित्याग कर दिया है।

दुष्यंत : (उसाँस भरकर, स्वगत)
ओह ! इससे तो मुझ पर कोई आक्षेप नहीं रह जाता।

शकुंतला : (स्वगत)
सौभाग्य है आर्यपुत्र अकारण ही मेरा परित्याग करने के दोषी नहीं है। परंत याद नहीं आता कि कब उस ऋषि ने मुझे शाप दिया था। संभव है खोए मन से पड़ी रहने के कारण वह शाप मैंने न सुना हो। तभी तो अनसूया और प्रियंवदा ने चलते समय धीरे से मुझसे कहा था कि राजा यदि किसी कारणवश मुझे न पहचान पाएँ, तो मैं उन्हें उनकी अँगूठी दिखा दूँ।

मारीच : (शकुंतला की ओर देखकर)
बेटी, तुम्हें भी अब वास्तविकता का पता चल गया है। इसलिए तुम्हारे मन में पति के प्रति किसी तरह का रोष नहीं रहना चाहिए।

पति के मस्तिष्क
तुम्हारी स्मृति का खो जाना

उस शाप के ही कारण था;
और उसी से उसने
रूखे भाव से
तुम्हारा तिरस्कार कर दिया था।
अब अँधेरा दूर हो जाने से,
इसके मन पर
केवल तुम्हारा ही अधिकार रहेगा।
तुम वह छाया हो
जो मैले दर्पण में
पहले प्रतिबिंबित नहीं हो पाई;
अब मैल हट जाने से
उजले दर्पण में
तुम्हारा प्रतिबिंब
सदैव उजला बना रहेगा।

दुष्यंत : आपने बहुत उचित ढंग से बात कह दी है।

मारीच : वत्स, तुमने शकुंतला से उत्पन्न अपने पुत्र का अभिनंदन किया या नहीं ? इसके जन्म से संबंधित सभी संस्कार हमने यहाँ विधिवत् पूरे कर दिए थे।

दुष्यंत : यह बालक...यही तो अब मेरे वंश की प्रतिष्ठा है।

सर्वदमन का हाथ अपने हाथ में ले लेता है।

मारीच : आगे चलकर यह बालक चक्रवर्ती सम्राट् होगा।
स्थिर और संयत गति के रथ पर
समुद्र के पार तक जाकर
यह अजेय वीर
सात द्वीपों की परिधि तक
पूरी पृथ्वी पर
अपनी विजय-पताका फहराएगा।
यहाँ
सभी जीवों का दमन करने के कारण

इसका नाम
सर्वदमन रखा गया था,
परंतु आगे चलकर,
विश्व का भरण करने से
इसकी ख्याति
भरत के नाम से होगी।

दुष्यंत : इसके सब संस्कार आपके हाथों संपन्न हुए हैं, इसलिए इससे कुछ भी आशा की जा सकती है।

अदिति : मैं समझती हूँ कि ऋषि कण्व को इसकी सूचना भेज देनी चाहिए कि उनकी बेटी की मनोकामना आज पूरी हो गई है। इसकी वात्सल्यमयी माँ मेनका को तो वैसे ही पता चल जाएगा क्योंकि वह तो यहीं मेरी सेवा में है।

शकुंतला : (स्वगत)
देवी ने स्वयं ही मेरे मन की बात कह दी।

मारीच : यूँ तो अपनी तपस्या के प्रभाव से महर्षि कण्व यह सब जान गए होंगे...

दुष्यंत : और इससे सोचता हूँ कि उनके मन में मेरे प्रति अधिक रोष भी नहीं होगा।

मारीच : ...फिर भी हमें अपनी ओर से उनके पास समाचार भेजना ही चाहिए कि उनकी पुत्री को पति ने आज पुत्र-सहित विधिवत् स्वीकार कर लिया है। यहाँ कोई है ?

शिष्य : (आकर)
मैं उपस्थित हूँ, भगवन् !

मारीच : गालव, तुम अभी आकाश-मार्ग से चले जाओ और जाकर मेरी ओर से महर्षि कण्व को यह प्रिय समाचार दो कि शाप का प्रभाव और उससे उत्पन्न स्मृति-दोष हट जाने से आज दुष्यंत ने शकुंतला और उसके पुत्र को यथाविधि स्वीकार कर लिया है।

गालव : जैसी गुरु की आज्ञा।

चला जाता है।

मारीच : (दुष्यंत से)
वत्स, अब तुम भी पुत्र और पत्नी के साथ अपने मित्र इंद्र के रथ में बैठकर राजधानी की ओर प्रस्थान करो।

दुष्यंत : (प्रणाम करके)
जैसी देव की आज्ञा !

मारीच :

अब—

दोनों सदा विजयी रहो,
तुम और इंद्र,
तथा
शत-शत युगों तक
एक-दूसरे के सहायक बनकर
स्वर्ग और मर्त्य लोक के कल्याण के लिए
श्रेयस्कर कार्य करते रहो;
इंद्र तुम्हारे राज्य में
बहुत-बहुत वर्षा करे,
और तुम
बहुत-बहुत यज्ञ करके
उसे पर्याप्त संतोष देते रहो।

दुष्यंत : भगवन्, दोनों लोकों के श्रेयस् के लिए मैं यथाशक्ति प्रयत्न करता रहूँगा।

मारीच : बताओ, अब मैं तुम्हारा और क्या हितकार्य कर सकता हूँ ?

दुष्यंत : इससे बढ़कर और भी कुछ हितकार्य हो सकता है क्या ? फिर भी इतनी कामना है कि—

भरत वाक्य

जो भी राजा हो,
वह सदा प्रजा-हित में लगा रहे,
और लोक में
महिमामय वेदवाणी का

कभी क्षय न हो;
इसके अतिरिक्त,
नील-लोहित वर्ण
तथा सर्वशक्ति-संपन्न
स्वयंभू शिव
पुनर्जन्म की यातना से
मुझे मुक्त करें।

सब चले जाते हैं।

॥ सातवाँ अंक ॥

•••